토굴가

토굴가

土窟歌

미소를 부르는 작은 깨달음

원상元常 스님 산방 에세이

조계종
출판사

추천의 글

원상 비구는 납승衲僧의 손상좌입니다.

심지心地가 굳고 천성天性이 순박해 때로는 세상 사람들에게 단순하고 우둔해 보이기도 하나, 성전일구聲前一句를 들으려면 귀머거리가 되어야 함을 아는 지혜롭고 눈 밝은 납자衲子입니다.

일찍이 연꽃마을을 이룩하고 예기치 않게 홀연히 세연世緣을 접은 각현覺賢 상좌에게 축발祝髮한 이후 단 한 번도 명리名利를 추구하거나 사판事判의 길을 걷지 않은 원상을 보며 조계曹溪의 적손嫡孫이 면면히 이어지고 있음에 미소를 짓곤 합니다.

이런 원상이 연꽃마을 이사장에 취임한 것에는 선불장選佛

場만을 고집할 수 없는 이유가 있었습니다. 스승 각현의 업적과 유지를 지켜야 한다는 순일純一한 고집이 작용한 때문이며, 연꽃마을에 기울인 세속의 한량없는 은혜를 저버리지 않아야 한다는 문중門中의 심려心慮 덕분이었습니다.

이번에 원상이 책을 내는 이유도 여기에 있다고 들었습니다. 연꽃마을과 인연 맺은 모든 분들에게 고마움을 표시하고, 아울러 새로운 인연을 받아들이고자 포교 교양집 차원에서 평소 자신의 생각을 담은 단상집斷想集을 세상에 내놓는다고 합니다.

지금껏 선방에서 살아온 원상은 본래 말이 많지 않습니다. 그러나 이따금 써온 그의 글을 보면 수좌다운 직관直觀과 선가의 역설逆說이 일품입니다. 그래서인지 원상의 글은 담박淡泊합니다. 화려하거나 꾸밈이 전혀 없습니다. 전문적인 작가의 글이 아닌 만큼 정제精製되거나 유려流麗하지 않습니다. 하지만 직관과 역설을 풀어내는 그의 담박한 글은 사람들의 가슴을 울리기에 충분합니다.

선가의 말 중에 "허공에 나는 새는 자취를 남기지 않는다"라는 말이 있습니다. 출가 사문이 번다한 일로 흔적을 남기는 것을 경계한 말입니다. 그렇지만 세간에 나가 잠시 세상 사람들과 어울리는 동안 전법의 방편으로 책을 내는 것도 좋겠다는 생각이 들어 원상의 결정을 존중하기로 받아들였습니다. 실제로 원상의 글을 훑어보니 세상과 교감하는 내용들이 많습니다. 부처님의 가르침과 절집의 풍경을 쉽고 재미있게 그려낸, 인생의 지남指南이 될 수 있는 글들이 독자 제현의 가슴을 울려줄 것입니다.

모든 분들이 일독一讀하시기를 추천하는 바입니다.

불기 2563년 11월 만추 단양 대흥사 정화당에서
대한불교조계종 원로의원 대종사 미룡彌龍 월탄月誕

들어가며

한세상 살면서 뭐 특별히 해놓은 것은 없는 것 같은데 또 가만히 생각하면 놀지는 않은 것 같습니다. 재주가 메주라 특별한 취미도 없고 특기도 없는 것이, 한편 생각하면 무재미가 재미라고 생각하는가 봅니다. 처음부터 그런 것은 아니었고 어릴 적 큰스님 시자를 사는데 하루는 큰스님께서 문득 저보고 "원상아, 너는 잡기는 하지 마라" 하시었는데 그 말씀이 자리를 잡은 영향도 있을 거라 추측합니다.

그래도 곰 재주마냥 하는 것이 가만히 앉아 있으면 작은 단주 돌리는 것이고, 혼자 있는 시간이 많았던 나는 도량을 돌고 도는 것이 제일 좋아하는 혼자만의 놀이고 정진이었나 봅니다. 하염없이 마당돌이 하다 보면 어떤 생각이 불쑥 떠오르고, 걷는 놀이를 마치고 나면 떠오른 생각을 그저 받아 적어 보았습니다.

짧은 시간 써 내려간 글을 가만히 보고 또 돌아섰다가는 다시 봅니다. 사실 나는 나를 모릅니다. 잠시간에 쓴 글을 통해서 나를 봅니다. 이 사람이 이런 생각을 하는구나, 이 사람이 이런 성향의 사람이구나 하면서 나를 알아갑니다. 그래서 나의 글쓰기는 나 자신을 들여다보는 도구이기도 합니다.

무주행無住行이 좋은 방법이라 생각하였기에 지금껏 책이고 글이고 건사한 것이 없는데 다행히 몇 편 살아남은 글이 있었고 가까운 거사님이 그냥 버리기는 아깝다고 하여 귀 얇은 사람이 또 귀 얇은 연꽃마을 조당호 상무님에게 이야기를 하니, "우리 연꽃마을에도 도움이 되지 않겠습니까" 하여 무식에 용기를 내었습니다.

조계종출판사 최승천 사장님과는 먼 인연이 있었는데 그 인연으로 만난 것 같습니다. 고맙다는 말 한마디로는 부족하다는 생각도 듭니다.

이 자리를 빌어 감사하다는 말씀 전하고 싶은 분들이 있는데 이십 년 세월 젊은 수좌 하나 공부하는데 지금까지 뒷바라지해주신 정각심 보살, 원심행 보살, 호반 보살입니다. 아직까지 기 안 죽고 바랑 지고 다닐 수 있었던 것은 보살님들의 원력 덕분이었을 겁니다.

　어지러운 세상에 또 하나의 소음이 되지는 않을까 걱정도
됩니다. 그래도 가벼운 마음으로 즐겁게 읽어주시면 나에게
이런 복도 있었구나 하고 생각하겠습니다.

　　　　　　　볕 좋은 가을날 황산黃山 원상元常 씀

토굴가 土窟歌

어둠 짙은 새벽, 가장 이른 새도 깨기 전에 도량석을 돕니다. 목탁의 가장 낮은 소리로부터 시작하여 점점 세게, 정점에서 다시 점점 내리고 올리기를 세 번을 하며 법당 앞에서 부처님께 먼저 삼배를 합니다. 일자 목탁을 치며 일곱 발자국 걷고는 "정구업 진언 수리수리 마하수리 수수리 사바하".(구업을 깨끗이 하는 진언)

별들은 보석처럼 빛나고 초닷새 달빛은 맑으면서도 비수 같은 날카로움이 있습니다.

새벽 찬 공기는 간밤의 번뇌를 야문 비질 한 번에 날려 보냅니다. 하루 중 가장 신심이 장하고 뿌듯해지는 시간입니다. 새벽 쇳송을 간단히 하고 부처님 전에 예불을 모십니다. 촛불에 어른거리는 부처님의 상호는 목불도 철불도 아닙니다. 내 안의 부처님이 좌대에 앉아 계십니다. "지심귀명례 삼계도사 사생자부 시아본사 석가모니불" "아제아제 바라아제 바라 승 아제 모지 사바하(건너가세 건너가세 저 피안의 언덕으로)."

예불을 마치면 다시 온기가 남아 있는 이불 속에 들어가 앉 아서 잠깐 졸며 몸의 기운을 덥힙니다. 목탁 소리에 먼저 깬 새가 울어, 나머지 새들도 차례로 울라치면 나는 그 소리에 다시 깨어, 아궁이에 식은 재를 걷어내고 갈비와 솔가지를 차 례로 넣어가며 불을 지핍니다. 구들이 달구어지면 안심과 여 유가 생깁니다. 몸뚱이를 가진 이는 몸뚱이에 예의를 갖춰야 합니다.

내가 눈이 높은 사람입니다. 할머니 한 분과 살았는데 할 머니 연세가 팔십오 세셨습니다. 평생 들어야 할 잔소리를 이 할머니로부터 아마도 칠 할은 들은 것 같습니다.

주된 잔소리는 마당에 풀 안 뽑는다는 것인데, 그때 내 나 이는 스물아홉이었습니다. 세월이 흘러 주지와 선원장을 겸 하다 보니 구석구석에 자란 풀이 보여 지나다 훑기도 하고 때 로는 작심하고 뽑기도 하지만, 그때는 내 눈에 들어오는 풀이 없었습니다.

때로 상쾌한 아침에 흥에 겨워 학생 시절 불렀던 가곡 몇 곡을 부르고 나면 우리 할머니는 뭣 때문인지 부어 있습니다. 삐지면 말을 안 하십니다. 나중에 이리저리 건드려 보면 내가 세속의 노래를 불렀다는 것입니다. 할머니 하시는 말씀은 왜 그 좋은 목소리로 염불을 해야지 노래를 하느냐는 것입니다.(내가 날 때부터 중은 아니었는데……) 부러 할머니 앞을 지나가며 나옹 스님 토굴가를 바이브레이션을 넣어 진정으로 부릅니다.

> "청산 숲 깊은 골에 일간 토굴 지어 놓고
> 송문을 반개하고 석경에 배회하니
> 녹양 춘삼월하에 춘풍이 건듯 불어
> 뜰 앞에 백종화는 처처에 피었는데
> 풍경도 좋거니와 물색이 더욱 좋다.
> 십 년을 기한 정코 일대사를 궁구하니
> 일찍이 모르던 일 금일에야 알았구나……."

할머니는 그제야 얼굴에 웃음기가 돕니다. 할 말은 아니지만 둘이 살면 참아야 할 일 참 많습니다. 오후에는 내 키만 한 지게 지고 나무 한 짐 하러 갑니다. 지게 자루는 때로 장단 자루이기도 합니다. 살아 있는 나무는 베지 않았기에 늘 삭정이

나 죽은 나무만 거두어 오는데 할머니는 이것도 불만입니다. 나름대로 제법 했다고 지고 오면 입으로 끌탕을 하며 한마디 하십니다. "까치집 이고 오는 것도 아니고." 그러면 나도 한마디 합니다. "아! 할매가 한번 지어봐. 이거 장난 아니야" 하고 성을 내면 할매는 씩 웃으면서 돌아서 가십니다. 나 약 올린 것을 성과라고 느끼는 것인지. 그래도 어느 날 내가 손가락에 화상을 입어 얼마나 아픈지 잠을 못 자고 있는데 할머니께서 밤새 머그잔에 흙을 물에 개어와 화독을 뽑아주었습니다.

가끔 내가 불리할 때 토굴가를 불러주며 할머니와 두 해를 꼬박 보냈습니다. 지금도 얼굴은 선한데 이름은 기억이 나지 않습니다. 할머니 제사는 내가 모셔준다고 약속했었는데 못 지켜 미안합니다.

할매요! 우리 할매요. 좋은 데 가셨지요!

차례

제1부 내 마음속 그림자

제2부   함께 걸어가는 우리, 도반

제3부 나의 화두, 연꽃마을

제4부 계절을 따라 흐르는 불도

제1부

내 마음속 그림자

글 그림

글과 그림의 어원은 그리움이라 합니다.
아이 적에는 엄마를 내내 찾고,
커서는 사랑과 일을 줄곧 쫓습니다.
수행자는 한 소식을 기다리며 점차 산을 닮아갑니다.
그리움을 키워가는 이 가을, 날마다 좋은 날입니다.

2014. 10. 4.

달빛

간밤에는 달빛이 무척이나 밝았습니다.

선원에서 특히 이런 날이면, 삼경종三更鍾을 친 뒤에도 몇 시간이고 행선을 하는 스님들이 있습니다. 법당을 돌거나 도량에서 달빛을 안고 소리 없이 자기 공부를 지어갑니다. 어느 때는 서로를 의식하며 공부 시간을 늘려가기도 합니다.

다음 날을 위하여 애써 이부자리에 드는 그 순간은, 차고 밝은 달빛처럼 마음이 충만합니다.

2014. 10. 7.

미움

선원 초참 시절이었습니다. 한 스님이 미워졌습니다. 미움이라는 병에 걸려 고생고생을 하였습니다. 좋다는 약방문을 모두 써보았으나 백약이 무효였습니다.

문득, 지금 미워하는 스님의 옆 스님을 미워해보자 생각하였습니다. 약효는 바로 나타났습니다. 죄 없는 사람에게 불똥이 튄 것입니다.

그 뒤, 나는 깨달았습니다. 미움이라는 놈이 사실은 실체가 없다는 것을.

도깨비에게 속아 밤새 빗자루와 씨름을 하였다는 옛날이야기가 있습니다.

사실, 지금도 종종 도깨비와 씨름을 하곤 합니다.

2014. 10. 8.

꿈

　특이한 꿈을 꾼 뒤에는, 복기하고 헤아리려 다시 꿈속을 거 닙니다. 눈 밝은 스승들은 우리네 인생 모두가 결국은 모두 꿈이라 하시니, 꿈에서 깨는 순간은 인생을 마감할 때이거나 모두가 꿈인 것을 깨우치는 순간일 것입니다.
　역설적이지만, 꿈을 꾸는 이유는 꿈에서 깨어나기 위해서 입니다.

　시방삼세十方三世 일각시영一刻視影.
　'자신이 보는 세상은, 모두 자신의 마음속 그림자'라 하더 이다.

2014. 10. 9.

업

콩 심은 데 콩 나고, 팥 심은 데 팥 납니다. 자업자득自業自得이고 자작자수自作自受입니다. 불교는 행위의 종교입니다.

지금 처해진 환경이나 심리 상태는 스스로 지어낸 결과물입니다. 현재를 분석하면 과거와 미래를 유추할 수 있습니다. 이것을 '삼세인과三世因果'라 합니다. 농부가 어떤 씨앗을 심느냐에 따라 열매가 달라지겠지요. 모든 행위를 업業이라 합니다. 그 업이 내 인생을 지배합니다.

조금 더 세심하고, 사려 깊을 필요가 있습니다.
우리네 삶은 일회적인 소모품이 될 수 있는 존재가 아닙니다.

2014. 10. 12.

두 가지 잘한 일

저는 본래 참선을 하고자 선원을 다닌 것이 아니라 그 분위기가 좋아서 살다 보니 이제껏 선원 밥을 얻어먹고 살았습니다. 코가 매울 정도로 추운 겨울 새벽, 맑은 어둠 속에서 빛나는 별들과 초닷새 달을 바라보는 맛. 인적 드문 오솔길을, 걷는다는 생각마저 내려놓은 채 걷는 일. 열심히 정진하는 스님을 문밖에서 바라보는 것.

내가 삼십여 살 때쯤 법주사 미룡당 암자에서 쉬고 있는데 큰절 소임자인 스님 두 분이 올라오셔서는 대화 끝에 법주사 교무국장 소임을 맡아달라 하기에, 말씀은 고마우시나 그런 그릇도 능력도 없는 사람이라 죄송하다고 정중히 사양을 하였습니다. 그런데 며칠 뒤 은사스님인 덕산당 스님께서 오셔서, 그 소임을 일도 배울 겸 경험 삼아서 한번 해보라는 것이었습니다.

스님과 몇 번을 옥신각신한 끝에 사부님께서 하시는 말씀이, "중이 그만큼 절밥을 먹었으면 밥값을 해야지……" 하십니다.

제가 대답했습니다. "제가 밥 먹어도 쪼매씩밖에 안 먹었습니다."

사부님께서 기가 차신지 말씀 없이 가만히 나를 보십니다.

그때 처음으로 스님께 드린 말씀, "제가 살아오면서 늘 판단을 잘못하여 고생스럽게 사는데, 두 가지 판단은 잘하였다고 생각합니다. 첫째는 젊은 날 출가한 것이고, 둘째는 선방 수좌가 된 것입니다."

그전까지는 내가 선원 다니는 것을 탐탁하게 여기지 않으셨던 사부님께서 하시는 말씀에 힘을 얻습니다.

"그러면 제대로, 열심히 해봐라."

그 말씀이 내게는 천군만마를 얻은 기분이었습니다. 이 글을 쓰면서도 왠지 눈시울이 뜨거워지는 것이 그리움 때문인지, 밥값 하기가 어려워서인지는 나도 잘 모르겠습니다.

2014. 10. 21.

심외무불 心外無佛

옛날에 어떤 사람이 봄을 기다리다, 그만 봄을 찾아 나섰답니다. 산을 넘고 물을 건너 고생고생하며 찾아다녔지만 봄을 만날 수가 없었습니다. 지친 나머지 결국 집으로 돌아왔는데 싸리문을 열고 들어서는 순간 마당에 가득 핀 매화꽃을 보게 되었답니다. 봄을 찾아 밖으로만 돌고 돌았는데 봄은 나의 마당에 활짝 피어 있었습니다.

노자님도 이런 말을 했다지요.

"문밖을 나서지 아니하고도 천하를 알 수 있다."

불교에서는 마음 밖에서 찾는 것을 '외도外道'라고 하여 경계합니다.

부처도 중생도 극락도 지옥도, 내 마음속의 조화라 하더이다.

2014. 10. 24.

중이

　내가 근자에 듣자 하니, 중이는 부모님을 포함하여 가족과 선생님들까지도 그들의 횡포와 야료에 재물도 바치고 치사한 비위까지도 맞춰가며, 가파른 고비를 넘겨야 한다 들었소. 그런 떠도는 이야기를 접하다 보니, 나도 이제야 털어놓을 일이 있다오.

　내 삼십 년 전에 중이 되어서 아직까지 중이오. 그러니까 삼십 년을 꿇은 중이란 말이오.

　그렇다고 너무 떨지는 마오. 늘 불의 앞에서만 머리털을 세운 중이니까 말이오.

　바람이 차오. 목도리나 스카프는 하시고들 나가는 것이 좋을 듯하오.

2014. 10. 27.

호접몽胡蝶夢

나는 나비입니다. 지천에 피어 있는 향기로운 꽃들은 모두 나를 기다리고 있습니다. 따사로운 햇살 받아가며 시장 구경도 하고, 마을 어귀에 서 있는 장승 구경도 합니다. 나비에게는 높은 담장이 없습니다. 사람들은 참 이상하지…….

날갯짓이 힘들면 향기 고운 꽃 속에 날개를 접고 바람이 다가오는 소리를 듣습니다.

나는 장자입니다. 책을 읽다가 깜박 잠이 들었는데 나비 꿈을 꾸었습니다. 너무나 생생했던 꿈. 갑자기 이런 생각이 들었습니다. 나비였던 내가 꽃 속에 앉아 졸다가 장자인 꿈을 꾸고 있는 건지, 아니면 장자인 내가 나비 꿈을 꾸었는지…….

어쩌면 나비도 장자도 모두 꿈인 것인지…….

2014. 10. 31.

여백

동양화에서는 붓이 지나간 자리 외에는 불필요한 덧칠을 하지 않습니다. 여백은 그대로 두니 붓 간 자리가 선명합니다. 별이 빛날 수 있는 것은 깊은 어둠이 먼저 있는 까닭인 것처럼 말이죠.

육조 혜능 스님께 한 수좌가 묻습니다. "큰스님, 대체 깨달음이 무엇입니까?"

큰스님 왈, "쉬는 것이다."

스님께서는 '지금 네가 깨달음이니 무엇이니 하는 부산스러움을 쉬면 진실은 그대로 드러날 것이다'라고 하신 말씀이겠지요.

물이 고요히 맑으면 앞산도 내려와 담고, 밤이면 달도 그러합니다.

외롭고 쓸쓸하다는 생각도 일부러 다른 무엇으로 채우려 하지 말고 그냥 두고 보면 약 됩니다.

2014. 11. 3.

사구게四句偈에 대하여

부처님께서는 스스로를 좋은 의사와 같다 하셨습니다.

그렇다면 불경은 모두 중생을 향한 약방문이라 할 수 있겠지요. 사구게를 관통하는 이야기 하나는 '모든 것은 변화한다'는 것입니다. 나 자신과 더불어 눈앞에 보이는 모든 것들은 영원성이 없는데, 우리는 마치 영원하다고 믿고 행동합니다. 여기에서 편견과 분별이 시작되고 집착으로 고착되어 병이 납니다.

『금강경金剛經』 사구게四句偈는 이 착각에서 벗어나게 해주는 약방문입니다.

착각만 바로잡으면 정각正覺은 스스로 드러납니다. 왜냐구요?

우리는 본래 부처이기 때문입니다.

2014. 11. 4.

장기

중국 최초의 통일국가인 진나라는 시황제가 죽자 권력의 암투와 폭정으로 인하여 민심은 떠나고 각지에서 민란과 군벌이 일어났습니다. 결국 한나라와 초나라 두 패권이 대결하는데 이것을 전쟁놀이화 시킨 것이 바로 장기입니다. 장기는 경우의 수가 너무도 많아 변화무쌍한 것이 우리네 삶과 닮아서인지 지금도 많은 사람들로부터 사랑을 받고 있습니다.

전쟁은 인간의 모든 것들이 총체적으로 동원된 사건으로 규정됩니다. 한나라의 유방, 큰 그림을 그렸던 장량, 사령관인 한신, 초나라의 패왕인 항우, 그 곁을 도운 범증 등등.

용장勇將은 지장智將만 못하고 지장은 덕장德將만 못합니다. 또 덕장은 복장福將만 못하다 했습니다. 이 말은 아마도 한나라의 고조인 유방을 염두에 두고 말한 것 같습니다.

많은 경우의 수 속에는 복이 깔려 있습니다. 그래서 운이

칠七이요, 재주가 삼三이라 합니다.
 복은 지어 놓아야 받는 것입니다.

2014. 11. 14.

평상심

어느 날 제자가 스승에게 묻습니다.

"큰스님! 대체 무엇을 두고 '도道'라 이릅니까?"

스승께서는, "평상심이 곧 도니라" 하고 이르십니다.

우리는 상대적 분별세계에 살고 있습니다. 크고 작음, 옳고 그름, 미와 추 등 분별은 차별을 낳고 차별은 대립과 갈등을 낳습니다. 사랑이 부족해서 헤어지는 것이 아니라 사랑에 집착해서 헤어지는 경우가 많고, 돈이 부족해서 가난한 것이 아니라 돈에 집착해서 가난합니다. 콤플렉스 역시 자기애가 지나쳤을 때 오기 쉬운 장애입니다.

평상심이란 분별 이전의 마음입니다. 한쪽으로 치우치지 않은 마음입니다. 있는 그대로 바라볼 줄 아는 마음입니다.

노력과 분발이 필요한 단어입니다. 평상심!

2014. 12. 3.

뻥

혹시 말입니다. 뻥과 거짓말의 차이를 아시나요?

제 생각으로 거짓말은 있지도 않은 사실을 있는 것처럼 말하는 것입니다. 뻥은 있는 사실을 뻥튀기처럼 크게 부풀려 말하는 것이라고 생각합니다.

내가 이십 대 때 축구 좀 했다 하면 믿는 사람이 별로 없는데, 서로 알 수가 없으니 크게 문제가 될 일은 아니라고 사료됩니다.

오래전 단옷날에 선원 대표로 나서 큰 활약상을 보이다, 상대 수비수의 어이없는 반칙에 허벅지 앞 근육을 다쳤습니다. 심하게 다쳐 다리를 움직일 수조차 없어 한동안 병원 치료를 받았습니다. 하루는 물리치료를 받다가 간호사 아가씨에게 너스레를 떨었습니다. "내가 이번 부상으로 축구 인생 이십 년을 접고야 말았네요" 하면서 말입니다.

며칠 뒤 다시 병원을 찾았는데 그 간호사 하는 말씀이, 제

옆자리에서 물리치료를 받던 키 큰 분이 있었는데, 그 사람이 대한항공 배구선수였답니다. 내가 먼저 자리에서 일어선 뒤에, 무척 궁금했는지 그가 묻더랍니다. "금방 나가신 스님은 어느 구단에서 운동하신답니까?"

그때만 해도 할렐루야 기독교 축구단이 있었던 시절이었습니다.

그 간호사님도 축구에 대해서는 별 지식이 없는 듯하여, 웃으면서 고개만 끄덕였습니다.

뻥! 한번 쳤습니다요.

2014. 12. 4.

수덕사

선원에 다니면서 가장 기억에 남는 절을 꼽으라면 덕숭산 정혜사, 가야산 해인사, 구례 화엄사를 들 수 있을 것 같습니다. 이 도량들에서 나는 나만의 소식을 성취했고 공부에 진전이 있었기 때문입니다. 정혜사는 수덕사에 딸린 산내 암자이면서 선원이 있는 곳입니다.

시월 보름 동안거 결제 당일이었습니다. 정혜사 대중들은 저녁 공양을 마치고, 대가사를 바랑에 지고 함박눈 내리는 산길을 내려갔습니다. 미끄러운 산길을 내려가며 자빠지고 엎어지고 하였지만 호탕한 웃음들이 적막한 산을 유쾌하게 만들었습니다.

수덕사는 전국에서, 결제식을 저녁 예불 뒤에 하는 유일한 본사입니다. 대웅전 안에는 흔들리는 촛불 몇 개만이 어둠을 밝히고 있었습니다. 나는 대웅전이 바라보이는 왼쪽의 요사채 처마 밑에서 눈을 피하며 서 있었습니다. 수덕사 말사 스님들이 속속히 도착하여 법당 안으로 들어갔습니다. 문득 가슴 벅찬 환희심이 일었습니다. 공부 도량에서 눈 밝은 스님들과 함께한다는 사실 하나만으로도 모두 성취가 된 것 같았습니다.

"지심 귀명례 삼계도사 사생자부 시아본사 석가모니불……."

반야심경까지 모두 마치고 대중들은 법상을 향하여 좌복을 정돈하고 앉았습니다. 법상에는 작은 천진불 한 분 앉아 계십니다. 원담 큰스님이십니다. 수덕사는 허식이 없다는 것을 큰스님 얼굴 뵈면 대번에 알 수 있습니다.

결제식이란 한철 공부를 부처님께 고하고 큰스님께 경책을 받는 의식입니다. 폭포수처럼 흘러내리는 세월 앞에 한 번쯤 돌아보면서 나 자신에게 물어보곤 합니다.

"이 뭣꼬!"

2014. 12. 8.

거시기

깊은 적막을 밤새 하얗게 덮어버린 눈.

적막마저 덮은 이 기분을 말로 해버리면
더욱 더하겠지만
그냥 한마디로 해버리련다.

"이 아침, 참말로 거시기 합니다."

2014. 12. 25.

꽃

아름다운 꽃은 스스로도 아름다워 당당합니다. 더욱이 자신의 주위도 맑고 향기롭게 가꾸니 사람들은 누구나 귀하게 여기고 좋아합니다. 그런 꽃이 자신의 발아래 한 장 두 장 꽃잎을 내려놓으며 시드는 모습을 볼 때는 환희로웠던 느낌만큼이나 씁쓸하고 안쓰럽습니다. 누구에게나 인생은 저 꽃과 별반 다르지 않다는 생각에 미치면 이런 감정은 더 깊어지기도 합니다.

그래도 다시 주위를 둘러보면 이제 막 봉우리를 밀어 올리는 꽃들이 있습니다. 끊어진 듯한 길에서 새로운 길을 만나듯이 체념과 희망은 경계선에 서 있는 릴레이 주자와 같습니다. 낙화와 개화가 그렇고 만남과 이별이 그러하며, 희망과 절망이 또 그러합니다. 장렬히 투하하는 꽃은 내년에도 그 후년에도 다시 지고 필 것을 알기에 스스로의 감정에 휘말리지 않습니다.

이 세상은 참 좋은 교육 현장입니다.

2015. 5. 23.

미얀마

얼마 전 EBS를 통해 〈천불천탑의 나라, 미얀마〉를 주제로 한 방송을 보았습니다.

보통 '백百'이나 '천千'은 아주 많다는 뜻입니다. '백화가 만발하다'라고 할 때도 그렇습니다. '팔만사천 법문'도 그러하구요.

부처님 재세 시나 또 가신 지 한동안은 부처님의 상호를 직접 모시지 않았습니다. 대신에 부처님 유구에서 나온 사리를 탑에다 모셔 경배하는 의식을 가졌습니다. 이를 스투파 stūpa(탑) 신앙이라 합니다. 불교를 받아들인 미얀마인들의 신앙은 정말 대단하였습니다. 부처님을 모시면 금으로 옷을 해 드리고 웬만한 큰 사원은 모두 금으로 장엄합니다. 그래서 '황금의 나라'라는 별명도 갖고 있습니다.

불상 조각과 탑을 조성한 것은 처음에는 왕과 귀족들로부터 시작되었으나 점차 일반인들에게까지 확산되었습니다. 자신의 형편대로 재정을 기부하면서 미얀마엔 수많은 사찰과 탑이 조성됐습니다. 미얀마의 당시 경제 사정으로 볼 때 탑한 기를 조성한다는 것은 말 그대로 자신의 모든 것을 던지는 의미였을 것입니다. 미얀마에는 이런 스투파가 사천오백만 개가 있다 합니다.

제가 모시는 노스님께서 이전에 어디를 가다가 좋은 자리가 있거나 단정한 바위가 있으면, "여기에는 절을 지으면 좋겠구나", "이 바위에는 부처님을 새겼으면 좋겠다" 하시면서 신이 난 아이 웃음을 지으시곤 했는데, 그 모습이 이제야 조금 이해가 갑니다.

부처님 한 분 모시고 불탑 한 기를 모시는 것은 한 인생의 역작일 터이고 그 삶의 최고 보람이었을 것입니다. 머리보다 순수한 가슴으로 사는 모든 이들에게, 또 불자들에게 합장 배례합니다.

시간 되는 대로 경주 남산이라도 한번 돌아보고 와야 할 것 같습니다.

2015. 6. 2.

걸망

언제부터였을까요? 아마도 나 자신에게 조금씩 질문을 던지던 시절부터 그랬던 것 같습니다.

아름다움! 과연 어떤 것이 아름다움일까요?

내 머릿속에 떠오른 것은, 걸망 진 스님의 뒷모습이었습니다.

밀짚모자에 걸망 하나 지고 길 위에 서 있는 사람,

작은 것에 안주하지 않고 홀로 길을 찾아 떠나는 사람,

고독하지만 다가가 젖고 싶은 새벽안개처럼 신비스러운 자태,

그 시절 나에게 아름다움이란 말없이 서 있는 수행자의 모습이었습니다.

세월이 제법 흘렀습니다.

아직도 그러한가요?

걸망은 여전히 내게 아름다움입니다.

2015. 6. 5.

상대성

사람은 단세포동물이 아닙니다. 그러니 인격 또한 한 가지일 수 없는 것입니다.

민주를 입버릇처럼 이야기하는 사람이 더 민주적이지 못한 사람이 많고, 의리를 가장 먼저 내세우는 사람들이 중요한 순간에 머뭇거리고 외면하는 경우가 많습니다. 좋게 생각하면 이상과 현실 사이에서 중심을 잡지 못하는 어정쩡한 태도이고, 냉정히 말하자면 위선입니다.

'나 이런 사람이야!'라고 스스로 정의하지 않는 게 좋습니다. 죽을 때까지 자신을 모르는 것이 사람이기 때문입니다.

또 주눅들 필요도 없습니다. 우리가 알고 있는 성인들이나 영웅들도 번민하기는 마찬가지였을 테니 말입니다.

수행修行 · 수양修養 · 수신修身이라는 것은 아마도 인간의 부족함에 대한 이해와 사랑을 바탕으로 광야에서 홀로서기를 하는 자기와의 외로운 싸움일 것입니다.

더 부드러워지고 더 사랑하고자 합니다. 그대 또한 나처럼 어렵다는 것을 알기에 내가 먼저 손을 내밀고 싶습니다.

2015. 6. 11.

일과

달마 스님께서 소림에서 면벽 수행을 하실 때, 수마睡魔가 치성熾盛하여 여러 궁리 끝에 아예 눈썹을 떼어내 마당에 던져 버렸더니, 그 자리에 초록색 새순이 돋아났는데 그 잎이 지금의 '차'라 합니다.

새벽 두 시 오십 분 기상. 열아홉 살 행자에게 이 시간은 수렁과 같고 고문과 같았습니다. 꿀 같은 잠이 아니라, 기절과 같은 잠에서 깨어나는 것은 내 의지와 상관없었습니다. 상 행자님들의 핀잔과 구박의 반은 바로 나의 새벽잠에 있었습니다.

범종 소리가 '뎅' 하고 울리기 시작하면, 일렬로 서 있던 우리 행자들은 반장님을 필두로 두 손을 배꼽 아래로 가지런히 차수하고, 저녁 하늘 기러기 줄지어 날아가듯이 대웅전을 향하여 나아갑니다. 부처님께 새벽 문안 인사 다녀오면, 저마다 자기 소임지로 향합니다. 나의 소임은 갱두羹頭, 국 끓이는 일이었습니다. 사실 내가 국을 끓인 것은 아니고, 공양주 할매 두 분의 보조였습니다. 국 솥 아궁이의 불을 담당했는데 여기서도 나는 구박덩이였습니다. 그놈의 불이 내 손만 가면 자꾸 꺼지는 바람에 사납기로 이름난 다마내기 할매한테 혼쭐이 나곤 했습니다. 훗날 그 할매의 목숨을 내가 살려낸 적이 있었습니다.(그것도 모르는 할망구가 그토록 나를 괄시하였으니 쯧쯧!)

우리 행자들의 기본은 삼시 세끼 공양 준비입니다. 그리고 다른, 모든 절 일이 우리 행자들에게 주어졌습니다. 스물네 시간 대기조이면서 멀티플레이어들인 셈입니다. 물불을 가리지 않고, 스님이 시키면 하는 존재가 우리 행자들이었습니다.

언놈이 그러더랍니다. '세상 살기 팍팍한데 머리 깎고 중이나 될까?' 뭣도 모르는 사람들의 입방아일 뿐입니다.

하루 종일, 방 안에 들어가 쉴 시간이 없었고, 혹 행자실에 들어간다 해도 자신의 자리에서 가부좌하고 면벽하며 다음 호출을 기다리는 것이 철칙이었습니다.

나는 사실 곡괭이질보다 면벽이 더 힘들었습니다.

2015. 6. 19.

속리산

　'속리俗離'의 말뜻은 '속세를 여의었다'라는 말입니다. 본래부터 속리산이라 부르지는 아니했고, 조선 중기쯤에 지금 우리가 부르는 속리산으로 개명되었다 합니다.

　석가모니 화신이라고 불렸던 진묵震默 대사(1563~1633년)가 보은을 지날 때였습니다. 한 농부가 소에 쟁기를 씌워 밭을 가는데 소는 좀처럼 따라주지 않고 있었습니다. 화가 난 농부는 소를 다그치고, 소는 소대로 '나 죽여라' 하고 버티기에 들어갑니다. 농부의 회초리와 소의 울음소리가 섞여 차마 눈 뜨고 보지 못할 형국입니다.

　멀리서 이를 바라보던 진묵 대사께서 소에게 가만히 다가가 소의 옆구리를 자비한 손으로 쓰다듬어주십니다. 흥분한 소도 차츰 흥분이 가라앉는지, 머리를 돌려 그 큰 눈망울로 큰스님의 얼굴을 쳐다봅니다. 큰스님은 소에게 이 소의 전생

이야기와 또 그 전생의 이야기를 담담히 말씀해주십니다. 꾸지람 섞인 말씀까지 들은 소는 무릎을 꿇고 앉아 눈물을 하염없이 흘립니다.

옆에서 이를 바라보던 농부도 자신도 모르게 눈물을 쏟아붓습니다. 소만큼이나 자신도 서러운 인생이었던 것입니다. 농부는 결심합니다. '이 윤회의 고통에서 벗어나려면 부처님 법을 만나 도를 닦아야겠다. 그리하여 전생도 알고 내생도 알아 나처럼 미혹한 중생들에게 어두운 밤을 밝히는 등불이 되어야겠다'라고 다짐합니다.

이 소문이 바람처럼 멀리 퍼졌고 출가는 한때의 유행이 되었습니다. 전하는 말로는 삼천여 명이 법주사로 입산하였다 합니다. 그 많은 사람들이 속세를 여의고 출가하였다 하여, 현재의 이름인 속리산俗離山이 되었다 합니다.

한 번쯤 돌아볼 일입니다. 지금 나는 무슨 업을 짓고 있는지…….

2015. 7. 21.

생각

사람은 생각해서 말하기보다 말하기 위해서 생각한다 합니다.

또 그 말은 그 사람의 정체성을 정의합니다.

나 자신의 말에 규범을 지켜야 할 이유입니다.

2015. 7. 28.

선정

　헐떡거리는 마음을 쉬어 고요함을 지키는 것이 선정禪定이요, 선정의 힘이 크고 더할수록 경계에 끄달리지 아니하고 지혜는 깊고 넓어질 것입니다. 불덩이가 크면 불빛도 세고 멀리 가는 것처럼 말입니다.

　한곳을 가만히 바라보면 그 자리가 분명해 보입니다. 왜 그럴까요?

　정지된 화면을 가만히 바라보면 분명해지는 것이 당연한 이치이니까 그렇겠지요. 그런데 나 자신의 삶을 바라보면 분명한 것은 하나도 없고 생각할수록 도통 모르겠습니다. 인생이란 어쩌면 정지된 화면이 아니고 수없는 인과가 얽히고설켜 맞물려 돌아가는 생물과 같은 것이기에, 이치로 따져 물어 들어가면 내 머릿속은 어느샌가 얽히고설킨 실타래처럼 꼬이고 꼬여 가슴은 답답하고 화가 치밀어, 결국 중도의 이치에서 멀어지기만 할 뿐입니다.

누군가 그러더군요. 가까이에서 보면 예쁘고, 자세히 보면 더욱 예쁘다구요. 맞는 말씀입니다.

하나에 마음을 두고 오래 보면 그 하나는 전부가 되고 말지요. 티끌 속에 우주가 있다고 합니다.

하나를 가까이서 자세히 오래 보면 우주의 문이 열리는 법이랍니다.

선정은 모든 것을 정지된 화면으로 만들어 분명하게 볼 수 있는 힘을 주는 것이요, 그 자리에서 나의 인생과 우주의 문을 열 수 있는 열쇠와 같은 것입니다. 지금 이 자리에서 자신을 진정시키는 것에서부터 시작합니다. 그것이 선정입니다.

2015. 10. 14.

누워서

구름 솜 같은 요 위에 누워 직사각형의 천장을 바라봅니다.

계곡의 물소리는 밤이 깊을수록 커져만 가고, 고요는 사물을 더욱 선명하게 합니다.

밖에서 찾지 않는 것이 공부의 요점인 것을 모른 채 이리저리 기웃거리다 제법이나 시간 보냈습니다.

가만히 가만히 조심스럽게 자신을 들여다봅니다.

누워 천장을 바라보는 이를 가만히 지켜봅니다.

2016. 4. 2.

개울물

웃음 많은 소녀들처럼 조잘거리다가도
성난 아저씨처럼 소리 높여 기세도 부리고
그러구러 흘러가다가 넓은 여울 만나면
잡생각 내려놓은 느릿한 할배처럼 쉬어 쉬어도 간다.

그냥 가지는 않고 버들강아지로 피어나고
키 높은 나무 끝에 여린 새싹으로도 화하며
색 바랜 누운 갈대 아래서 치솟아 나는 새순들로도 태어난다.

오고 감에 자유스러우면서도 일정한 규칙을 갖는 것을
도라 한다면 참 많이도 닮았다.

개울가 기슭 언덕에 핀 꽃분홍 진달래는
내 어여쁜 사촌 여동생하고 많이도 닮았다.

그래서인지 나도 모르게
자꾸 눈이 간다.

2016. 4. 5.

다라니

열대야 과일 두리안을 처음 먹어본 것은 봉은사에 살던 때였습니다. 한 스님께서 비싼 거라 하시며 내놓은 것을 갈라서 먹었습니다. 처음에는 물컹하여 이상도 하던데 이것이 과일의 황제라 합니다. 이해가 안 되더군요. 냄새가 고약하게 남아 향을 피웠는데, 소용이 없었습니다. 다음 날 스님들과 차를 한잔하면서 너스레를 떨었습니다.

"왜 과일의 황제인 줄 알았다. 두리안이 내뿜는 향이 모든 냄새를 압도하기 때문에 과일의 황제라 했을 것이다"라고요.

그런 것처럼 대흥사 계곡의 물소리는 모든 소리를 무위로 돌려놓을 정도로 소리가 엄청납니다. 모차르트가 울고 갈 지경입니다. 계곡 물소리가 부처님의 장광설이라는 말씀이 있는데, 소리 듣기 연습만 열심히 하더라도 뭐가 터져도 터지기는 하겠습니다.

'다라니陀羅尼'라는 말이 있습니다. 한자로는 '총지總持'라고 씁니다. 모든 것을 총섭한다는 뜻이지요. 그마저도 더 줄여야 한다면 '마음 심心' 자 하나로 표현할 수 있겠지요.

팔만대장경도 한마음에서 나왔고, 인간의 희로애락도 마음 조화이고 장난입니다.

어린 아기가 엄마 젖을 찾듯이, 어미 닭이 알을 지극히 품듯이, 놓지 않고 살펴야 될 일이 마음공부입니다.

한 생각이 만사를 총섭합니다.

2016. 4. 22.

땀

아침 공양 시간에 선원 뒤꼍 축대가 너무 허전하다는 누군가의 말 한마디에, 노스님께서 영산홍 천 주를 주문하셨습니다. 한 트럭분의 꽃나무를 스님 세 분과 처사님 한 분이 비탈진 산길에 이틀을 꼬박 심었습니다. 굳은 허리 한번 펴기 힘든데, 노스님께서는 빈 공간이 많다며 천오백 주를 더 주문하셨습니다.

지난 삼월 중순이었습니다.

아직은 어린 꽃나무들이 따사로운 햇살 받으며 눈부신 시간을 보내고 있습니다. 지난 날 땀 흘리며 심은 노고에 대한 보답이듯 여린 꽃망울을 품고 있었습니다.

어쩌면 무의미한 듯한 하루하루를 보내며 나 자신을 의심하는 일들이 종종 있습니다.

수고롭게 흘린 땀은 꽃으로 피어나고 누군가의 웃음꽃으

로 피어납니다.

　자작자수自作自受하고 자업자득自業自得합니다.

　땀은 그냥 없어지지 않습니다.

2016. 4. 29.

별

    그리 좋지 않은 생각으로 잠을 자는 둥 마는 둥 하며, 그 한 생각이 꼬리를 물고 물어, 마치 강아지가 제 꼬리를 쫓는 꼴이 되었습니다.

    문득 눈을 뜨고 정신 차리니, 물소리 또렷하여 뜰 앞에 섰습니다. 검은 밤바다에는 차가운 물에서 막 건져낸 영롱한 별들이 빛나고 있습니다.

    신선한 공기를 온몸으로 호흡하며 길게 기지개 한 번 켜봅니다.

    좋은 일만 있다면 어디 그게 인생이냐!

    별은 어두울수록 빛이 나지 않더냐!

2016. 5. 1.

이큐 스님

낮의 열기는 식어, 시원하다 못해 써늘합니다. 점안식 준비로 절이 분주하고 어수선하였는데 이제는 대체로 제자리를 찾아서 호젓한 것이 말 그대로 절간입니다.

우리나라의 원효 스님과 비견되는 일본의 이큐[一休] 스님이 계셨습니다. 이큐 스님이 입적 직전에 제자들을 앞에 두고 큼직한 편지 한 통을 내놓습니다.
"이것은 너희들이 곤란할 때 열어보아라. 조금 어렵다고 열어봐서는 안 된다. 정말 힘들 때 그때 열어보아라."

스승의 편지에는 이렇게 적혀 있었습니다.
"걱정하지 마라. 어떻게든 된다. 그치지 않는 비는 없다."

2016. 5. 12.

적막

선원에 어둠이 내리자 똘똘한 외등이 눈에 불을 밝힙니다.
엊그제까지만 해도 대중스님들이 이 선원채를 꽉 채웠는
데, 해제와 동시에 빈집이 되었습니다.
운집 목탁을 쳐볼까요?
저녁 입선 시간이 다 되었는데 왜들 안 들어오냐고!
무상無常만 한 확실한 진리도 없습니다.
나 혼자만 갖고 있던 누군가에 대한 섭섭함도
허전한 가슴에 그리움으로 채워집니다.

2016. 8. 21.

근심

산에 절이 들어와 오래 앉으니, 절과 산이 구별 없이 한 몸이 됩니다.

새벽안개 채 가시지 않았는데 가을 여름 곤충들이 하나로 합창해대니, 울림 깊은 숲속입니다.

지난밤 근심은 여린 것들의 합창 소리에 안개와 같은 운명처럼 흩어졌습니다.

근심을 근심한 나의 근심은 애초부터 그릇된 것이었습니다.

진흙 속에서 밝은 연꽃이 피어나는 것처럼 말이지요.

연꽃은 진흙을 떠나지 않습니다.

2016. 9. 10.

봉암사

문경 가은에서 봉암사로 들어가는 길은 한적하여 시간마저 천천히 흐를 것만 같습니다. 봉암사 팻말 있는 곳에서 꺾어 들어가다 보면, 멀리 잘 벗겨진 이마를 가진 달마를 닮은 봉우리 하나가 허연 낯빛으로 서 있습니다. 그 봉우리가 희양산입니다.

선방에는 이런 이야기가 있습니다. 수좌들의 수도는 가야산 해인사이고, 고향은 희양산 봉암사라는 것이지요. 봉암사가 고향인 이유는 대중이 많이 살기도 하거니와 머리 까만 사미 때부터 봉암사에서 선원 생활을 시작하여 습의와 정진을 익히기 때문일 것이라 생각해봅니다.

봉암사는 주지도 큰방에서 정진 대중들이 모여 뽑는데, 요즘 말로 한다면 지자체라고 할 수 있을 겁니다. 일 년에 초파일 하루만 산문을 여는 것으로도 알려져 있습니다. 봉암사는 산문을 들어서면서부터 속세의 번잡함이 스스로 떨어져 나가는 것 같은 고적한 분위기입니다. 절 앞의 계곡은 울음을 그치지 않고, 뒷산은 사십 년 이상 일반인의 출입을 통제하여 생태계가 살아 있는 그대로 자연입니다.

어느 가을 산철 결제방을 짤 적에 산감을 지원하였습니다. 내가 사수이고 부사수 두 명 더 해서 세 명이 가을 산감을 보았습니다. 산감의 일은 산을 지키는 일입니다. 희양산은 백두대간에 걸쳐 있어 등산객들이 절 쪽으로 내려오기도 하고 희양산 정상을 향하기도 하는데, 그것을 막아내는 겁니다. 한삼 일은 좋았습니다. 다들 정진하는데 우리 세 명만 도시락 싸 들고 산으로 출근하니 들뜬 마음으로 길을 나섭니다.

걸어서 산길 한 시간이요, 차떼기로 산행을 하는 산악회가 올라치면 말 그대로 전쟁입니다. 그들은 희양산 정상을 가려 하고 우리는 막아내야만 해서 육체적으로나 정신적으로 고된 소임입니다. 제 앞에 산감 소임을 봤던 스님은 중노릇 사십 년에 처음으로 회의를 느꼈다더니, 충분히 이해가 갑니다.

제 옆방을 썼던 한 스님은 내가 퇴근해 내려오면 인사말로 "산감스님! 송이 땄어요?"를 노랫말마냥 묻습니다. 한두 번은 "나, 송이 따는 사람 아닙니다" 하고 웃으며 대답했는데 자꾸 반복되니 그것도 스트레스가 되더군요. 그래서 하루는 후배 스님 둘에게 "오늘은 송이 한번 보자" 하였고 전직이 가구 디자이너였다는 스님이 "스님! 제가 송이 나는 곳을 압니다" 하여 저희의 위수지역을 벗어났습니다. 우리의 출근지를 벗어나 용추 토굴을 지나 한두 시간 걸은 것 같습니다. 한참을 앞서가던 후배 스님이 "스님, 여기가 아닌 것 같은데요?" 합니다. 아! 참 황당했습니다. 산 절벽 앞까지 왔다가 씁쓸한 마음으로 발길을 돌렸습니다. 한참 내려오다 세 스님은 왔던 길로 가고, 나는 능선 길로 가려고 오르는데 거기서 능이를 마주했습니다. 처음이었습니다. 한두 송이가 아닌 밭을 봤습니다. 소리쳐 대중을 부르고, 가져온 배낭에 차곡히 담아도 반도 못 담았습니다. 보람찬 산행을 마치고 후원의 원주스님에게 한마디 했습니다.

"원주스님! 오늘 능이를 아끼지 말고 실컷 한번 먹읍시다. 내일, 오늘 가져온 만큼 다시 따올 테니까요."

그날은 능이로만 사찬四餐을 했습니다. 나는 그날 봉암사에 길이 남을 능이의 전설을 만들었습니다.

제게 봉암사는 언제든 돌아가고 싶은 고향이며, 나의 젊은 날입니다.

2019. 10. 8.

삼보 님께 귀의합니다 - 첫째, 불보佛寶

나 어릴 적에 우리 집에는 손바닥만 한 크기의 누런 엽서가 한 번씩 오고는 했는데 그 내용을 가만히 보면 첫 문장이 항상 '귀의 삼보하오며'였습니다. 그리고 그 밑에 본문으로 들어가면, '돌아오는 칠월칠석'이라든가 '백중' 또는 '사월 초파일 행사가 있으니 몇 날 몇 시에 동참해 주시라'는 내용이었습니다. 내 기억만으로도 사오십 년 전에 쓰이던 문구를 지금 내가 쓰고 있으니, 그렇게 써야만 하는 무슨 이유가 있으리라 생각됩니다.

지금도 기억나는 것 중 하나는 어머님께서 명절날 절에 다녀오시면 검은콩이 박힌 하얀 백설기를 한 덩이 가져오시는데 씹으면 씹을수록 단내가 나서 맛나게 먹었던 기억입니다.

어머님은 독실한 불교 신자셨습니다. 새벽이면 세면 양치하시고, 방 벽 상단에 붙여놓으신 관세음보살 사진 아래에서 천수경과 염주 돌리기를 오래 하셨습니다. 어느 때는 마당에서 웅얼웅얼하시던 것이, 지금 와 생각해보면 도량석을 하는 것이었던 모양입니다. 어릴 적 우리 집 화장실은 뒷마당에 위치했는데 전구를 설치하지 않았습니다. 밤에 화장실 가는 것이 큰 문제여서 후레쉬가 있다 하더라도 어린아이에게는 참으로 공포스러운 일이었습니다. 어느 날 어머님께서 하시는 말씀이, '나무아미타불 관세음보살'을 자꾸 부르면 아무리 어려운 일이 있어도 괜찮아질 것이고, 무서운 생각이 들어도 그 무서운 생각이 금방 사라질 것이라고 말씀하셨습니다. 밝을 때는 일절 생각 없던 것이 깜깜한 밤 화장실 갈 적이면 '나무아미타불 관세음보살'을 죽기 살기로 외웁니다. 지금 생각해보면 그 시절 '나무아미타불 관세음보살'은 내 가슴속에 씨가 되어 자라나기 시작했는가 봅니다.

국민학교 5학년 때 폐결핵을 앓았는데 처음에는 잔기침에서 시작하여 나중에는 기침 끝에 가슴이 너무 아픈 지경이 되었습니다. 병원에서는 폐결핵 3기라고 판명을 내렸고, 나는 약 뭉텅이와 카나마이신(결핵 등에 효력이 있는 항생물질) 주사를 매일 맞아야 했습니다. 기침이라는 것이 참 희한한 게, 참으려 할수록 목구멍이 간질간질하여 밖으로 토해내지 않고는 이겨낼 재간이 없습니다. 네 살 많은 형과 한방을 썼는데 밤이 되면 기침은 더욱 심해지고, 자는 사람 안 깨우려 기침을

참을수록 더욱 괴로워지는 시간을 보내야만 했습니다.

어느 날 어머님이 다니시는 정릉의 '대성사'라는 절에 따라갔는데 법당에 들어서서 어머님 하시는 말씀이, 부처님께 간절하게 소원을 빌고 절을 하면 그 소원이 이루어진다는 말씀이었습니다. 그때 나의 소원은 기침이 멈추는 것이었고, 그날 그 자리에서 숫자를 세다 잊을 만큼 절을 하였습니다.

나는 내게 처방된 약만 10개월 이상을 먹었고, 간호사가 되었던 어머니의 손으로 아침저녁으로 주사도 그만큼 맞았습니다. 나와 같은 병을 앓던 앞집 형은 내가 주사 끊기 전에 죽었습니다.

어릴 적 나의 부처님은 어머니였습니다. 어머님이 인도자였고, 어머님이 좋은 의사였습니다. 그래서 나는 어머님이 믿고 의지하던 부처님을 그냥 무한 신뢰하였습니다.

일찍 남편을 잃은 다섯 아이의 젊은 엄마는, 아마도 깜깜한 화장실을 무서워했던 나만큼 세상이 무서웠을 겁니다. 아이들 학교에 공납금 내는 날이 무서웠을 테고, 시장 갈 때 얇은 빈 지갑이 무서웠을 것이며, 가늠할 수 없는 미래가 무서웠을 겁니다. 가끔은 당신이 너무 무서우면 칭얼거리는 아이의 등짝을 사정없이 때려주기도 했습니다. 그렇게 무섭고 힘들었기에 어머님도 '나무아미타불 관세음보살'을 쉼 없이 부르고,

백팔염주가 닳고 닳도록 돌리셨을 겁니다.

미혹한 중생에게 부처님은 인도자이고, 좋은 의사이며, 따스한 젖가슴을 가진 어머니입니다. 아이가 아프면 같이 밤을 새우고, 한겨울 찬바람에도 아이를 업고 바람 안 들게 꼭꼭 싸매고 숨찬 달리기를 하는 어머니 마음입니다.

부처님은 대단하신 분입니다. 부처님은, 일평생 절약이 몸에 밴 우리 어머니도 초파일이면 제일 먼저 절에 가서 등 달고, 어느 기도일이면 동참금을 꼬박 내시고, 그도 성에 안 차면 아들들을 끌고 절에 가서 기왓장도 나르고, 하다못해 마당이라도 쓸게 하신 우리 어머니가 믿는 장한 분입니다.

'삼보三寶'는 불교가 성립하려면 없어서는 안 되는 세 가지 보물입니다.

그 첫째는 '불보佛寶'입니다. 아주 귀하고 귀한 것을 보물이라 하지요. 사실 우리는 부처님을 헤아릴 수 없고 정의할 수 없습니다. 물론 학자들은 '이러저러합니다'라고 할 수 있겠지만 제가 보기에는 장님이 코끼리 만지는 거나 큰 차이가 없어 보입니다. 환갑이 다 되어가는 자식도 어머니 마음을 헤아리지 못하는 것처럼 말입니다.

부처라 함은 진리 그 자체이기도 하고, 진리를 실증한 인간이기도 하고, 진리를 가르쳐주는 인도자이기도 합니다. 어느 면에서 부처를 바라볼 것인지는 순전히 자신들의 몫입니다.

교敎의 차원에서 보면 석가모니 부처님은 불교의 교주이십니다. 석가모니 부처님께서 무상의 정등정각을 이루시었고, 나아가서 중생들에게 당신의 한없는 자비심으로 교화에 나서 교단을 이룸으로써 불교라는 종교가 존재하는 것입니다. 하여 불교라는 종교는 석가모니 부처님께서 근원이시기도 하고, 당신께서 깨달은 진리가 전부이기도 한 것입니다.

부처님께서는 그 사람의 근기에 맞게 맞춤 설법을 하셨습니다. 어린아이에게 대학교재를 쓰지 않으셨고, 노인에게는 그에 맞는 관심사를 말씀하셨습니다. 점차 나아지게 하여 결국에는 진리의 강물에 발을 담그게 하셨던 것입니다. 진리에 입각하나 근기에 맞춰 제도한다는 것이 부처님의 계획이 아니었나 싶습니다.

아이가 자라면서 사춘기가 되고 친구가 더 좋아지며 자신만의 의견과 취향이 자연스레 생겨나기 시작합니다. 엄마 뒤만 졸졸 따라다니던 아이가 친구들과 어울리는 것이 좋아지고 여러 종류의 친구가 많아 밖으로 도는 시간이 많았던 아들에게 어머니는 이런 말씀을 하십니다. "아들아. 친구도 네가 잘되어야 친구지 그렇지 않으면 친구도 네 곁에 있지 않는단다." 나는 그 말씀을 가슴에 새기게 되었고, 누군가에게 바라는 것보다 내가 조금 더 손해 보고 베푸는 것이 마음 편하고 좋다는 생각을 갖게 되었습니다. 그래서인지 어느 곳에 살아도 그냥 맥없이 살지는 않은 것 같습니다.

자기가 속해 있는 집단에서 꼭 필요한 사람이 되라는 말씀은 부처님 말씀과 다르지 않습니다. '주인공으로 살아라'는 불교의 키워드 중 하나일 것입니다.

"주인공으로 살아라."

어느 부모나 자기 자식에게 해주고 싶은 말일 것입니다.

"어디에 있든 꼭 필요한 사람이 되어라."

부처님은 상주불멸常住不滅하십니다. 기도 영험 설화는 수없이 많을 것입니다. 기도와 가피는 한 짝이기도 하기 때문입니다.

가피 이야기 한 대목 하겠습니다.

해인사의 암자에서 사업에 실패하여 절에 들어온 거사님이 기도를 아주 열심히 하셨답니다. 화두도, 기도도, 힘이 받으면 힘든 줄도 모르고 하는 줄도 모르고 하게 됩니다. 아마 그 거사님도 간절함으로 기도하다 보니 그리되었고, 그 가운데서도 기도만 지속하였다 합니다. 그러다 집에 갈 일이 있어 부산에 가게 되었는데 길을 걷다가 문득 어떤 소리가 들리더랍니다. "지금 네 눈앞에 보이는 땅을 사거라."

거지가 다 된 사람에게 땅 사라는 이야기는 온당치 않은데 너무나 생생한 말소리에 '안 되면 그만이지' 하는 마음으로 아는 지인에게 돈을 부탁했다 합니다. 기대는 처음부터 하지도 않았는데, 뜻밖에 그 지인은 흔쾌히 돈을 빌려주었답니다.

그로부터 얼마 안 있어 그 지역은 개발이 되고 그는 아주 큰돈을 벌었습니다. 그 돈이 종잣돈이 되어, 하는 일마다 대박이 나고 불과 십여 년 사이에 그는 우리나라 굴지의 건설회사를 일구었답니다. 나처럼 세상 모르는 사람도 아는 회사이니 유명한 회사입니다. 그런데 이 가피 이야기에는 반전이 있습니다.

성공한 건설회사 사장이 된 그가 가끔 이 암자에 와서 다시 기도를 드리고는 했는데, 그 암자 큰스님께서 하루는 그에게 "자네가 우리 원당암에서 기도를 하여 그리 큰 성공을 했으니, 전각 하나를 지으려 하는데 자네가 도맡아서 하면은 어떻겠는가?" 하고 말씀하셨답니다. 그런데 기도를 열심히 할 때는 일구월심日久月深으로 하였을 테고, 성취하면 부처님 일도 하겠다 하며 원력을 세웠을 텐데, 그는 돈에 눈이 머니 더 갖고 싶어지기만 했지 소위 사회 환원이라는 순수함으로 돌아가는 일을 못한 것입니다.

그 사장은 "제가 무슨 돈이 있다고 제게 돈을 내라고 하십니까?" 하면서 오히려 역정을 내더랍니다.

큰스님도 불같은 성질을 가지신 분으로 정진력에서는 성철 큰스님에게도 인정받으신 어른이셨습니다. 그 큰스님께서 "시자야! 시자야!" 하며 부르시고는, 달려온 시자스님에게 하시는 말씀이 "저 근본 없는 놈을 당장 내쫓고 다시는 이 절에 발도 못 붙이게 하거라. 알았느냐." 호령하였습니다.

그 건설회사는 불같이 일어나기도 했거니와 너무 쉽게 무너져버린 회사였습니다. 그 암자에 살았던 원주스님에게 직접 들은 영험 실화이며 가피의 추락에 관한 이야기이기도 합니다.

부처님은 상주불멸하여, 믿는 자에게는 항상 같이 머무르시며, 믿지 않는 이에게는 당신의 뜻도 거두십니다.

부처님은 기침하는 나의 가슴을 쓰다듬어 주셨고, 무서움에 웅크린 깜깜한 우리 집 화장실에도 나와 함께 해주셨습니다. 이제는 어머님 안 통하고 내가 부처님하고 직통하는 사이가 되었습니다.

"나무아미타불 관세음보살……."

2019. 10. 14.

삼보 님께 귀의합니다 - 둘째, 법보法寶

한 이십 년쯤 되었을까요? 법주사 선원에 살 때인데 그 철에 통도사 영수 스님하고는 처음 같이 살았습니다. 영수 스님은 동진 출가한 스님으로 우리나라 문화재에 관심이 많았습니다. 법주사 경내를 같이 걸을 때면 석탑이나 전각 등 보물 이야기를 많이 해주었는데, 다른 사찰이나 탑에 관해 물어도 척척박사로 모르는 것이 없는 듯했습니다. 하루는 스님에게 우리나라 문화재에 대해 얼마나 아느냐고 물었습니다. 영수 스님 답이 한 70프로 정도 아는 것 같다 하더군요.

전국을 다니면서 사만 장 이상 사진을 찍고 거기에 노트까지 하였답니다. 말할 때는 경상도 사투리로 욕도 맛깔스럽게 하는 조금은 거친 스님인데, 사람은 역시 겉모습만 보고는 알 수가 없습니다. 하루는 법주사 대웅보전을 가장 아름답게 볼 수 있는 자리까지 가르쳐줄 정도로 심미안이 있는 스님이었습니다.

어느 날 내게 우리나라 국보 1호가 남대문인데 그것은 잘 못된 것이라고 합니다. 우리나라 국보 1호는 당연히 한글이 되어야 한다는 말을 열정적으로 강설하였고, 다 듣고 나서 '참으로 지당하십니다' 하며 동조를 하였던 기억이 있습니다.

사람에게 없어서는 안 될 것들이 많이 있겠지만 언어는 필요 불가결한, 필수적인 것입니다.

언어는 의사소통이고 감정의 표현이며, 역사와 인생 그 모두를 기록하는 도구이기도 합니다. 사람의 사고도 언어로 한다 하니, 그야말로 문화와 그 이전의 것도 언어의 영역일 것입니다.

부처님께서 깨달은 경지는 언어 이전의 것이지만, 언어가 없었다면 바로 옆 사람에게도 전달할 수 없었을 겁니다. 언어 이전의 도리를 언어로 표현하여 설법한 것을 제자들은 부처님 입멸 후에 구술로 전승하여 왔습니다. 그러다 세월이 흘러 글자로 기록하여 두었고, 그것을 우리는 '경전經典'이라 하고 부처님의 가르침을 모은 것이라 하여 '불경佛經'이라 부릅니다. 모두들 아시는 바와 같이 '팔만대장경八萬大藏經'이라 합니다. '팔만'이라는 숫자는 아주 많다는 의미에서 그렇게 불렀을 겁니다. 인간의 번뇌가 거친 것부터 미세한 것까지 하면 셀 수 없을 것이고, 그럼에도 부처님께서 각각의 인간 군상의 근기에 맞게 맞춤 설법을 하다 보니 그 양이 그렇게 많아졌던 겁니다.

부처님께서 깨달은 내용을 중생들이 이해할 수 있도록 하신 도움의 말씀이니, 그 자체가 부처님이고 부처님의 사리라 하여 우리는 경전을 '법보法寶'라고 이름하였습니다.

스승은 가시어, 뵙고 물을 수 없으니 후대의 불교도들은 경전을 통하여 부처님을 짐작하고 경전을 통하여 가르침을 받는 것입니다.

원상이라는 이름이 인물 그 자체일 수는 없겠으나 그 이름을 떠올리면 원상이라는 인물이 가늠되는 것처럼, 경전이라는 법보는 부처님을 대신합니다.

가야산 해인사는 법보종찰法寶宗刹이라 하는데 해인사 장경각에 팔만대장경을 소장하고 있기 때문에 그렇게 이름 지어졌습니다. '해인海印'이란 '바다에 진리의 증명서 도장을 찍는다'라는 말일진대 변화무쌍하게 출렁거리는 바다에 어찌 도장을 찍을 수 있겠습니까?

팔만대장경은 찍을 수 없는 진리의 도장을 대신하여 천년 세월 그 이상으로 진리를 증명하고 있는 것입니다. 불상佛像이 없고 부처님 사리가 없으면, 대신하여 불경佛經을 법法사리라 하여 예경하기도 합니다.

지금도 우리 절집 풍습이며 수행의 한 일환으로 사경寫經함은 이런 의미가 함축된 것으로 봅니다.

운명적인 만남이 있을진대 보통은 사람이기도 하겠지만 책도 운명적인 만남이 있다고 생각합니다. 나는 『금강경金剛經』이 나의 운명이었다고 생각합니다.

법주사 강원에서 교과목으로 처음 접하였지만 이십 대 후반쯤 청담 스님의 『금강경대강좌』라는 주해본을 읽었는데 읽는 순간 금강경에 사로잡혔습니다. 환희에 가득 찬 나는 그 긴 글을 필사하였습니다. 한 글자도 놓치기 싫었기 때문입니다.

또 한 번 내 인생의 두 번째 필사는 최순우 님의 『무량수전 배흘림기둥에 기대서서』라는 우리나라 문화재에 관한 서적입니다. 한번 권해봅니다.

두 번째 금강경을 본 것은 삼십 대였는데, 부안 내소사 강백이었던 해안 노스님의 『금강경 해석본』이었습니다. 또 한 번의 감동이었습니다.

세 번째는 양평 상원사 선원에 살 때인데 족저근막염이 심해져서 수술을 받고 한 보름쯤 목발을 짚어야 했습니다. 앉지를 못하니 내 방에서 소일하였는데 그때 얇은 『금강경 독송본』을 보았습니다. 이때는 누구한테 의지하지 않고 나 스스로 보았습니다.

출가 후, 출가하기를 잘했다는 생각을 몇 번 했습니다. 이는 대체로 정진하다가 한 번씩 오는 경계였고, 경전을 읽고 이런 생각하기는 처음이었습니다. 마누라가 예쁘면 처갓집 말뚝에도 절을 한다더니 그 글이 얼마나 고맙던지 글의 토씨 하나까지도 감사했습니다. 고려 말 보조 지눌普照知訥(1158~1210) 스님이 『서장書狀』이라는 글을 보시다가 깨쳤다더니 영 없는 말은 아니라는 생각도 해보았습니다.

『금강경』은 내게 운명이었고 출가의 정당성을 확보해주는 말씀이었습니다. 그 뒤로 한 십 년쯤 흘렀는데 다시 금강경을 보지는 않았습니다. 아마도 다른 운명의 날이 기다리고 있을 거라는 믿음 때문일 것입니다.

나라는 사람은 아마 그런 사람인 모양입니다. 사전 두께의 책을 다 읽고서도 줄거리는 잘 기억하지 못하는데, 주인공과 등장인물들의 감정선이 전이되고 내가 통감한 구절들은 오래도록 그대로 남아 있습니다.

소설가 춘원 이광수 님의 이야기 한 토막 소개하겠습니다.

춘원은 금강산을 유람하다 한 노스님에게서 『법화경法華經』을 소개받고 법화경을 읽으며 불법을 알고 불교에 귀의하게 되었습니다. 춘원은 이런 인연으로 소설 『원효대사』와 『꿈』을 발표하였습니다. 우리가 알고 있는 원효대사는 춘원이 그린 원효 스님의 이미지가 절대적이지 않을까 생각합니다.

춘원 선생은 법화경에 심취하였고, 그 법화경을 모든 이들에게 쉽게 알리고자 소설 법화경을 준비하셨습니다. 춘원 선생에게는 팔촌 지간으로 어려서부터 함께 자란 가까운 인척이 있었는데 바로 봉선사 큰스님이셨던 대강백 운허耘虛 스님(1892~1980)이었습니다.

하루는 정신적 의지처였던 운허 스님을 찾아뵙고 소설 법화경을 쓰는 취지와 인연을 말씀드렸는데 큰스님께서는 반대하셨다 합니다.

운허 큰스님께서는 평생 한문 대장경을 한글 대장경으로 번역하는 데 일생을 바치신 어른이었습니다. 지금 우리가 한글로 대장경을 볼 수 있는 것은 큰스님의 원력과 노고 때문일 것입니다. 번역가로서, 또 대강백이신 어른으로서 반대하신 데에는 분명하고 확실한 이유가 있었을 것입니다. 하지만 태어나지 못한 춘원판 법화경은 과연 어떠했을지 자못 궁금하기도 합니다.

불교는 신의 종교가 아닙니다. 불교는 지혜와 자비의 종교입니다. 이 지혜와 자비는 철저하게 진리를 기반으로 합니다.

진리를 깨닫지 않고, 그러니까 깨달음을 전제로 하지 않는 불교는 성립할 수 없습니다. 그 깨달음은 수행과 정진, 그리고 기연起緣이 닿았을 때 오는 결과물입니다.

아마도 운허 스님께서는 재주로써 불교에 다가가는 춘원이 불안하지 않았을까요? 더구나 춘원은 아끼는 인척이기에 기대감보다는 불안감이 더욱 컸을 수도 있었을 겁니다.

불교에서는 진리를 법法이라고 표현합니다. 법은 바뀔 수 없는 것입니다. 세월이 흘러도, 장소가 바뀌어도 변하지 않는 것. 이를테면 모든 것은 변한다는 사실, 이 변화의 속성은 과연 어떻게 생겼을까를 사무쳐 깨달았을 때 무상無常의 진리를 알 수 있는 것입니다. 참 어쩌면 가장 쉽고도 가장 어려운 것이 불교입니다. 빠져들기는 쉬우나 헤엄쳐 건너기는 쉽지 않은 것입니다.

은산철벽銀山鐵壁과 마주한 수행자의 고뇌가 여기 있습니다. 여기까지 와서 물러설 수도 없는 것. 수행이 어렵고 수행자가 존경스러운 이유이기도 합니다.

불보佛寶와 법보法寶는 자세히 놓고 보면 한 몸입니다. 부처님께서 깨달으신 진리, 이것이 불보이고 법보인 것이지요.

진리라는 것은 석가모니 부처님 이전에도 있었고, 석가모니 부처님 이후에도 있는 것입니다. 그래서 우리는 석가모니 부처님을 교주라고 하기보다는 본사本師, 즉 본래 스승이라고 부르는 것입니다.

나무 영산불멸 학수쌍존 시아본사 석가모니불.

영취산에서 설하신 설법은 불멸하며 하얀 나무 아래서 입 멸하신 부처님은 우리 곁에 항상 같이하시어 나의 본래 스승 님 석가모니 부처님께 귀의합니다.

나무 대방광불 화엄경 나무 대방광불 화엄경 나무 대방광불 화엄경.

대방광불 화엄경에 귀의하옵니다.

법보法寶입니다.

2019. 10. 14.

삼보 님께 귀의합니다 ─ 셋째, 승보僧寶

수행자에게 있어 가장 필요한 게 세 가지 있으니 첫째가 스승이요, 둘째가 도반이요, 셋째가 도량이라 하였습니다.

스님들에게도 스승은 보물과 같이 아주 귀중한 존재임은 일반인과 같습니다. 나의 스승의 스승도 스님이요, 또 그 위에 스승도 스님인 것입니다. 나의 스승은 덕산당 각현 대종사이시고 또 우리 스님의 스승은 미룡 월탄 대종사이시고 그 위의 스승은 금오 스님이시며 또 그 위의 스승은 보월 스님 다시 만공 스님 그리고 해탈자 경허 스님입니다.

이렇게 거슬러 올라가면 결국에는 석가모니 부처님에게 닿습니다. 이것을 법맥이라 하고 이것이 정통 계보입니다. 일본의 스님들도 중국의 스님들도 남방불교의 스님들도 거슬러 올라가면 종국에는 부처님이 앉아 계십니다. 지금 나 원상이 존재하는 것은 이천오백육십 년 동안 그 많은 스님들이 자신들의 이理 와 사事의 수행을 철저히 두루 하시고, 훌륭하게 견뎌내신 덕입니다.

스승은 제자를 기르고 제자는 스승의 길을 좇아 나아갔습니다. 스승이 있어야 제자가 있는 이치로, 제자가 있음으로 해서 스승도 있습니다.

열아홉 살 소년이 절에 처음 들어가니 소년을 맞이한 사람들은 행자님들이었습니다. 행자는 사미십계를 받기 전 수습들로서 사찰에서 불목하니가 하는 일 그 이상으로 고된 과정이었습니다. 사찰의 기본예절과 자세를 스님들이 아닌 상행자님들에게서 교육받습니다. 행자님들이야말로 사찰 전통의 물림이라 할 수 있습니다.

법주사 행자실은 기강이 아주 엄격했습니다. 일반 속인에서 수행자로 변화하는 과정에서 과거의 습관과 관념이 쉬이 바뀌지 않기에 그런 억척스러운 행동 규범이 필요했을 거라고 생각합니다. 당시에 우리 행자실은 열 사람 출가하면 한두 사람만이 남을 정도로 쉽지 않았습니다.

지금 와 생각해보면 깜깜한 일입니다. 아마도 어렸기 때문에 위에서 시키는 일을 의심하지 않고 따라만 갔기에 가능했으리라 봅니다. 물론 우여곡절도 많았습니다.

행자 생활은 일 년 정도로 기준을 잡습니다. 조금 더한 행자도 있고 덜한 행자도 있습니다. 행자 기간은 세속의 물을 씻어내야 하는 과정입니다. 사회와 관계된 것은 모두 차단한 채 오로지 예불, 공양, 울력을 반복 또 반복하는 시간입니다.

행자들에게 가장 큰 꿈이 있습니다. 바로 스님이 되는 것입니다. 가사, 장삼을 수하고 허리, 어깨를 곧게 펴고는 당당하게 걷는 스님을 보면 동경 그 자체이기도 했습니다.

출가 한 해 전 스님들이 쓰신 글들을 탐독하게 되었습니다. 무소유로 유명한 법정 스님을 비롯해 정다운 스님, 향봉 스님 등등. 그들이 쓰신 산사의 풍경과 수행자들의 치열한 구도의 모습은 나의 감성에 큰 울림을 주었고 그 이후로 '아름다움'의 가치는 "출가한 스님의 걸망 진 뒷모습이다"라는 생각이 각인되었습니다. 현실에 안주하지 않고 끊임없이 한 발자국씩 나아가는 모습, 고독은 하나의 수행이고 그 속에서 피어나는 무지개 같은 그 무엇! 한목숨 걸 수 있는 강렬한 그 무엇! 그런 무리에 함께할 수 있다면!

선가에 '줄탁동시啐啄同時'라는 말이 있습니다. 병아리가 알 속에서 껍데기를 쪼면, 어미 닭이 밖에서 귀를 기울이고 있다가 그 작은 소리를 듣고서 자신의 부리로 껍데기를 같이 깨주는 형상을 말합니다. 그래야 병아리가 세상 밖으로 나올 수 있습니다. 병아리와 어미 닭이 동시에 협업해야 세상이 열리는 것입니다.

'견성성불見性成佛'은 제자의 일만도 스승의 일만도 아닙니다. 제자는 스승을 잘 만나야 하는 것이고 스승도 후학 제접을 잘해야 깨달음이 면면히 이어질 수 있습니다.

나의 스승은 무지몽매한 저를 오래도록 말없이 기다려주셨습니다. 허허! 허허! 하시면서 말입니다. 누군가 나를 핀잔하거나 욕을 하는 사람들에게는 아주 따끔하게 질책하셨습니다. "당신들이 무얼 안다고! 나도 가만있는데, 말하지들 마세요" 하시며 저를 지켜주셨습니다. 제가 기 안 죽고 살아온 이유입니다.

스승님이 가시고 내가 스승의 그 자리에 앉아 있습니다. 스승님의 고충이었던 것이 지금의 제 고충이기도 합니다. 스승님께서 계획했던 것들은 많이 이루셨고, 미진한 것은 이제 제가 해야 할 일입니다.

부처님의 계획은 무엇일까요?

일체중생을 제도하여 모두 성불하게끔 하는 것이겠지요. 사바세계를 불국토로, 번뇌 망상을 해탈과 열반으로, 한도 끝도 없는 윤회의 고리를 끊고서 두터운 업장을 모두 녹여내어 고해의 중생에서 보살과 부처의 세계로 이끄시는 겁니다. 승보는 그 지난하고 지난한 과정 속에 중생의 사표이어야 하고 인례사引禮師 역할을 해야 합니다.

오래전 법주사 선원에서 석봉 스님과 같이 산 적이 있습니다. 석봉 스님은 불국사 활안 스님 시봉으로 전부터 소문을 들어 익히 그의 이름은 알고 있었습니다.

석봉 스님은 잠을 조복받은 것으로 수좌들 사이에 이름이 나 있었는데 사실 나는 믿지 않았습니다. 일주일 용맹정진, 나아가 삼칠일(21일) 용맹정진은 해봤으나 잠을 아주 안 잔다는 것은 인간의 능력 밖의 일이라고 여겼기 때문입니다.

체격은 작은 편으로 나만 하고 세속에서 영어 선생님이었다는 활안 스님은 말이 없고 늙은 소마냥 느릿느릿 걸었습니다. 바짝 마른 체격에 눈빛은 벽이라도 뚫어낼 듯 형형했습니다. 도량에서 포행 중에 만나면 엷은 미소로 서로 인사를 나누곤 했습니다. 나도 그 시절 잠자는 시간이 아까웠던 처지라 모두 잠든 밤 도량 벤치에서, 법당 앞 계단에서 스쳐 지나기도 합니다. 또 가끔은 저이가 정말 자나 안 자나 궁금하여 관찰 아닌 관찰을 하기도 했는데 나와 두 철을 살고 나서 얻은 결론은 잠을 조복받은 게 사실이었다는 것입니다. 그는 잠을 자지 않았습니다.

하안거 해제를 하고 대중 스님들은 모두 만행을 떠났습니다. 석봉 스님과 나 둘만이 남았는데 석봉 스님이 내게 하는 말이 "원상 스님! 피자 좋아해요?"

석봉 스님과는 안 어울리는 멘트였습니다. 얼결에 "아! 예, 그렇지요"라고 대답했고, 그날 스님은 오랜만에 시중에 나가 재료를 준비해서 내게 피자를 해주었습니다. 아주 맛있던 기억은 없습니다. 피자를 손수 만들었다는 것이 중요한 일이지요.

두 철을 살면서 말은 몇 번 섞어보지 않았지만 서로 간 존경심은 있었던 듯합니다.

'강렬한 것은 짧아야만 할까요.'

석봉 스님에게 미역국이라도 한번 끓여드리고 싶은데 그럴 수 없는 것이 안타깝습니다.

'백척간두 진일보百尺竿頭進一步.'

아주 높은 벼랑 끝에서 믿음과 정진력으로 한 발자국 앞으로 나아가야 한다는 말인데 목숨을 걸지 않고서는 불가능한 것입니다.

나도 정진하는 사람이지만 수행을 열심히 하는 스님들을 보면 차가운 얼음물에 세수한 듯 정신이 차려지고 나를 다시 돌아보게 됩니다.

"진정한 수행자들은 존경스러운 자들입니다."

부처님의 금언金言을 현실에 내놓아 대중들과 함께하고 부처님의 말씀을 몸으로 확인하는 스님, 또 그러함을 세월에 단절되지 않게 끊임없이 자기 성찰과 함께 이어나가는 스님들!

나는 나와 함께 수행자의 길을 걸었던 스님들을 존경합니다.

또 지금 나와 같이 후미진 곳에서 약자들과 함께하는 도반들을 존경합니다.

스님이 무거우면 부처님 법이 무겁고, 스님이 가벼우면 부처님 법이 가볍다 하였습니다.

나는 오늘도 내일도 모레도 아주 먼 훗날에도 승보에 귀의합니다.

그것이 나의 미래임을 알기 때문입니다.

귀의삼보하오며,

歸依三寶하옵니다.

2019. 10. 24.

제2부

함께 걸어가는 우리, 도반

고구마

　.

　어제는 스님들과 여러 신도님들이 오셔서, 점심 하고 차 마시고 장작 패고 고구마도 구워 먹었습니다.

　하하! 호호!

　별스럽지 않은 이야기인데도 서로 잘 웃어주니 날씨만큼 환하였네요.

　고구마 하나에도, 우리는 행복할 수 있었습니다.

2014. 10. 10.

성불하세요

'나마스떼'라는 인도 말은 "당신 안에 있는 신성께 예배드립니다"라는 뜻이랍니다.

절집에서는 인사말로 "성불하세요"라고 하지요. 내 밖의 어느 신에게 의존하고 굴종하는 것이 아니라, 내 안에 있는 불성(완전성)을 스스로 확인하라는 축원이라 할 수 있습니다. 간디도 이런 말을 했습니다. "내가 이룬 것은 여러분도 모두 이룰 수 있습니다."

부처님께서는 "일체중생은 모두 성불할 수 있다"라고 하셨습니다. 수행이라 함은 부처님과 보살님을 닮아가려고 노력하다 어느 순간 제 자신이 부처가 되고 보살이 되는 과정이라 할 수 있을 겁니다.

"성불하세요!"

2014. 10. 23.

믿음

망월사 선원에서 하안거 결제를 날 때의 일입니다.

입승 소임을 맡고 살았기에 이래저래 신경 쓰는 일이 많았습니다. 하루는 한 스님이 와서 누구 이야기를 합니다. 결제 중에는 특별한 사유 없이 산문 밖을 나갈 수 없는데, 치과에 간다는 이유로 자주 외출을 하는 스님이 사실은 거짓말이라는 겁니다. 몇 차례 듣다, 이야기해주는 스님에게 이렇게 말했습니다.

"믿으세요. 소임자인 제가 믿는데 스님도 믿어주세요."

해제 전날이었습니다. 치과에 자주 다니던 스님이 가사를 수하고 내 방에 찾아와서는 대뜸 삼배를 합니다. 결제 중 산문 출입을 해야만 했던 사정을 이야기하며, 무조건 죄송하고 고맙다 합니다.

결제 중 퇴방하지 않고 성만成滿해주니, 내가 고마울 일입니다.

알고도 속는다는 것은, 그 사람을 믿고 기다려준다는 것입니다.

2014. 10. 26.

인과

사십구재를 지내는 중이었습니다. 죽은 젊은이의 아버지가 갑자기 벌떡 일어나 영정 사진을 향하여 "네 이놈!" 하며 불같이 화를 내다 법당에서 휙 나가버리는 것이었습니다.

그가 저녁나절에 법사이신 스님을 찾아와 낮에 화낸 연유를 말씀하시는데, 내용인즉 이러했습니다.

"이십 년 전, 전방에 지휘관으로 있었는데 서울에 꼭 다녀올 일이 있어 부관에게 자리를 비우지 말라고 신신당부하고 출장을 갔습니다. 그런데 그날 밤 북한군이 철책을 넘어와 한 소대를 모두 죽이고 넘어갔습니다.

돌아와 사정을 들어보니 자리를 지켰어야 할 부관이 몇몇을 데리고 부대 밖으로 나가 밤새 술을 마셨다고 합니다. 그 이야기를 듣고는 부관을 그 자리에서 즉결 처분하였습니다.

그 뒤로 나는 아이를 가졌습니다. 아이는 부모 속 한 번 안 썩이고 공부도 잘해서 서울 명문 대학교에 다녔습니다. 그런

100

데 그 막내 아들놈이 어느 물가에서 다이빙하다가 가슴이 찢어져 죽었습니다."

그리고 "오늘 사십구재 중 그 영정 사진에 부관의 얼굴이 나타나 히죽히죽 웃으며, 자신을 비웃더라"고 합니다.

그랬던 것입니다. "아들놈이 다쳐 죽은 그 자리가 부관의 총상 자리와 같으니, 부관이 원한을 갖고 죽어서 자신의 아들놈으로 태어나 사랑을 듬뿍 받다 덜컥 죽어버려 복수를 한 것"이라 합니다.

옷깃만 스쳐도 오백 생의 인연이 있다 하였습니다. 때로 귀인을 만나기도 하고, 또 때로는 빚쟁이를 만나기도 합니다. 지금 우리가 하고 있는 일들은 모두 '다음 생의 전생 일들'입니다.

선인선과善因善果요, 악인악과惡因惡果입니다.

2014. 10. 29.

산삼

해인사 선원에 살 때, 산삼에 얽힌 모 스님의 이야기입니다.

모 스님은 정진에 대한 신심과 원력이 뛰어난 스님이었습니다. 팔공산에서 특별한 거처 없이 된장만 얻어다 생식을 하며 정진하였습니다. 풀만 먹고 사니, 나중에는 변을 보면 염소 똥이 되어 나오더랍니다. 그런 수도 생활을 칠 년쯤 하였을 때인데 불현듯 세속에 혼자 계시는 홀어머니 생각이 나더랍니다. 남편과 일찍 사별하고 외아들 하나 금이야 옥이야 키웠던 어머니, 스무 살 남짓에 도 닦는다고 편지 몇 글자 남겨두고 떠나온 자신. 가슴이 미어지기 시작하자 어찌할 바를 모르겠더랍니다. 당장 어머니에게 달려가고 싶었으나 출가한 지 십여 년이 지나 빈손으로 돌아가 뵙기가 면목이 없더랍니다. 차비도 없고…….

풀이 죽어 가만히 앉아 있는데, 저만치 산기슭에 산삼이 하나 보이더랍니다. 거기에서 멀지 않은 곳에도 또 산삼! 그랬던 것입니다. 산삼에 눈이 열린 것이었습니다. 자신이 산삼을 찾는 것이 아니라 산삼이 자신에게 다가오는 듯했다고 합니다. 산삼 스무여 뿌리 캐 가지고 내려왔습니다. 택시비는 산삼으로 계산했다고 합니다.

모 스님은 산삼을 많이 자셔서 그런지, 가야산 겨울 추위가 대단한데 러닝셔츠 하나에 얇은 누비 하나 입고 살았습니다. 더워서 누비도 벗고 싶은데 남들이 뭐라 할까 예복으로 입는다 하였습니다.

동안거 대중들은 모 스님으로부터 산삼 이야기를 한철 내들으며 살았습니다. 해제 무렵쯤에 내가 한마디 했습니다.

"거! 스님! 이제 더덕이라도 한 뿌리 캐 주고 산삼 이야기 하슈!"

이제 나도 나를 압니다. 나도 성격 좋은 사람은 아닙니다.

2014. 11. 6.

체 념

날은 차고 해는 많이 짧아졌습니다. 북적이던 등산객도 발길이 끊기고 새들마저 조용합니다.

볼에 와닿는 바람이 차다는 생각을 하면서 한 발자국씩 걷습니다. 작은 외로움이 커져갈 때쯤 문득 이런 생각이 듭니다. 친구 좋아하고 사람 좋아하는 나인데 어찌 이리 홀로일 때가 많은가? …… 아! 그래! 중은 본래 그렇게 사는 법이지!

나는 체념합니다.

체념에는 두 가지 뜻이 있습니다.

첫 번째는 어떤 일을 포기하거나 단념하는 것이요, 두 번째는 사성제四聖諦의 한자 '체'자로 '진리를 깨우치다'라는 뜻입니다. 생로병사를 네 가지 '고苦'라고 하는데 이를 체념한 사람은 자연의 법칙에 순응하고 받아들이니 이미 고가 아닐 것입니다.

초겨울 쌀쌀한 밤! 나는 체념합니다. 그래서 다시 중이 됩니다.

2014. 11. 17.

떡

산속 깊은 절에서 동자스님들이 불탁 위에 놓인 떡이 먹고 싶어졌습니다. 주지스님은 외출 중이신데 허락 없이 손을 댔다가는 불호령이 떨어질 테고, 먹고 싶기는 하고…….

동자스님들이 머리를 맞대고 요리조리 궁리하다가 한 스님이 부처님 입술에 떡고물을 발랐네요. 그러곤 '하하 히히' 맛있게들 잡쉈습니다. 주지스님께서 돌아와 떡이 없어진 것을 알고 동자스님들을 의심합니다. 떡 먹은 동자들은 말이 없네요.

주지스님 얼굴이 벌게지면서 말까지 더듬으십니다.

'안 되겠다.'

한 동자스님이 나서서 주지스님께 아룁니다.

"큰스님, 부처님 입술 위에 떡고물이 묻어 있는데요?" 하며 부처님을 가리킵니다.

"푸하하하!"

오늘 주지스님은 무척이나 행복하신가 봅니다.

2014. 11. 20.

관상

중국 당나라 시절에 배휴라는 사람이 살았습니다. 조실부모하고 쌍둥이 형제인 배탁과 함께 외삼촌 집에 의탁해 살고 있었습니다. 하루는 삼촌과 잘 알고 지내는 스님 한 분이 오셨는데, 우연히 두 분의 이야기를 엿듣게 되었습니다.

스님이 외삼촌에게 이렇게 말하는 것이었습니다.

"두 아이의 관상을 보니 필시 거지 상입니다. 두 아이를 내보내십시오. 그렇지 않으면 이 집도 풍비박산이 날 것입니다."

배휴는 동생 배탁과 상의를 하였습니다.

"우리가 박복하여 부모님도 일찍 여의었는데 우리 때문에 삼촌 집이 망한다면 큰 죄를 짓는 것이다. 어차피 거지를 피하지 못할 거라면 조용히 나가는 것이 좋겠다."

두 형제는 외삼촌 집에서 멀리 떠나 산에서 나무를 베어 저잣거리에 내다 파는 것을 생계 수단으로 삼아 살았습니다. 나무를 팔다 남은 것은 가난한 집 앞에 슬며시 놓고 돌아오곤 하였습니다.

　그렇게 몇 해가 지났습니다. 외삼촌은 조카들을 찾아 나섰습니다. 마침내 외딴 지역에서 나무 팔이를 하는 형제들을 발견한 외삼촌은 조카들 손을 붙잡고 집으로 돌아왔습니다.

　"우리 집이 풍비박산이 나도 어쩔 수 없다. 너희들을 찬 데서 재우고 나만 편히 안락한 집에서 지낸다는 것은 말이 안 된다." 외삼촌은 조카들을 따뜻하게 다독였습니다.

　어느 날 배휴 형제의 관상을 보았던 스님이 들르게 되었습니다. 스님은 배휴 형제의 얼굴을 보고 깜짝 놀랐습니다.

　"맨 처음 얼굴을 보았을 때는 틀림없이 거지의 상이었는데, 오늘 보니 재상의 상이올시다."

　외삼촌이 지난 이야기들을 들려주니 스님께서 고개를 끄덕거렸습니다. 세월이 지나 실제로 배휴는 재상이 되었고 동생 배탁은 뱃사공이 되어 숨은 도인으로 살았습니다.

　관상은 심상이 바뀌면 따라 변한다고 합니다. 다른 사람의 아픔을 헤아리는 배휴 형제의 마음이 미래의 삶을 크게 바꿔 놓은 것입니다. 마음은 따로 정해진 틀이 없습니다. 그래서 이런 말들을 하곤 하지요. "세상사 마음먹기에 달렸다"고 말이지요.

2014. 11. 26.

수고

우리는 보통 인사말로 "안녕하세요?" 또는 "수고하십니다"라고 합니다. '안녕安寧'이라는 말은 '편안하십니까'라는 뜻이고 '수고受苦'라는 단어는 '고苦를 잘 받으세요'라는 한자말입니다. 어느 나라 말이고 '고를 잘 받으세요'라는 말은 우리나라밖에 없을 줄 압니다.

'사바세계'라는 말은 한자로는 '감인堪忍'이요, 뜻으로는 '참고 견뎌내야 한다'라는 말입니다. 세상살이가 참고 견뎌내지 못하고서는 살아낼 수가 없으므로 이런 뜻을 담고 있는 것입니다.

그러므로 서로 격려하는 인사말로 '수고하세요'라고 하는 것은 참 지혜로운 말씀 아니겠습니까? 우리가 보통 불교에서 '고'라는 단어를 고통이라는 말로 이해하는데, '고'는 팔리어로는 '듀카'라는 말이요, 뜻으로는 '변한다'는 말입니다. 행복도 불행도 항상 하지 않습니다. 젊음도 생명도 마찬가지이지요.

수고라는 말은 격려이기도 하고 더 깊게 생각하면 인생을 관조하는 뜻이기도 합니다. 네 가지 성스러운 진리(고집멸도苦集滅道) 중 첫 번째가 '고'성제苦聖諦인 까닭입니다.

그 나라의 언어는 그 사람들의 고유문화이고 마음 자세입니다.

모두들 살아내시느라 수고들 많으십니다.

2014. 12. 11.

세 분

어느 날 부처님과 예수님 그리고 알라신, 이 세 분이 자리를 같이하셨답니다.

삼자 회동의 목적은 당신의 제자들이 허구한 날 서로 갈등과 반목으로 세상을 위험하고 험악하게 만들기 때문이었습니다. 서로의 가르침이 무엇이 다르기에 그토록 총과 칼을 들이대는지 말입니다.

먼저 부처님께서 말씀하십니다.

"내가 고행 끝에 깨달아보니, 모든 생명은 차별 없이 평등한 불성을 간직하고 있소. 너와 나, 우리 모두는 한 뿌리를 두고 피어난 꽃과 같은 것이오. 그러니 어찌 사랑하지 아니하겠소. 그래서 나는 자비와 평등을 가르쳤소."

예수님께서도 말씀하십니다.

"나는 이웃을 제 몸과 같이 사랑하라 하였소. 넓게 보면 모두 하나님 자식이란 말이오. 나도 차별을 증오하오. 그래서

부자는 하늘나라 가기 힘들다고 경계를 한 것이오. 사랑과 용서만이 이 세상을 천국으로 만들 수 있다고 생각하오."

알라신이 무릎을 치며 앞선 두 분의 이야기에 찬동합니다.

"나는 너희 주위에 배고픈 사람이 한 사람이라도 있다면 나의 제자가 아니라고 가르쳤소. 코란이 아니면 칼이라는 말은 나에 대한 배반이고 음모에 불과합니다."

의기투합한 세 분은 이날 한잔하셨다는 풍설 아닌 풍설이 있습니다.

성인의 말씀을 왜곡하고 이용하여 세상을 혹세무민하는 무리들이 많습니다. 자신의 생각과 이념, 사상, 종교만이 옳다는 생각에 집착할수록, 서쪽으로 가고 싶은데 동쪽으로 가는 우를 범하기 쉽습니다. 말보다 뜻에 집중하고 상대의 말을 경청하는 게 우선입니다. 우리의 귀가 두 개이고 입이 하나인 까닭입니다.

2014. 12. 16.

구업

불전의 모든 경전은 처음 독송을 시작할 때 "정구업진언 수리수리 마하수리 수수리 사바하" 하고 시작합니다.

부처님의 고귀한 말씀을 구송하는 데 있어 첫 번째 할 일이 입을 깨끗이 하는 것이지요.

가만히 살펴보면 사람은 생각도 말로 합니다. 그러니 그 사람의 말은 그 사람의 평소 생각이고 마음가짐입니다. 말에도 종류가 있고 급수가 있습니다. 사랑의 말, 이롭게 하는 말, 바른말은 사람을 살리는 말입니다. 반대로 속이는 말, 이간질하는 말, 악담하는 말은 상대에게 상처를 주게 됩니다.

말 한마디에 천 냥 빚을 갚기도 하고, 모든 것을 다 잃기도 합니다. 왜 그럴까요? 말에는 힘이 있습니다. 성인의 말씀은 세월과 상관없이 영롱히 빛이 나고, 한 사람의 웅변이 만 사람을 이끕니다.

오판된 독재자의 세 치 혀는 헤아릴 수 없는, 무고한 사람을 살상하는 총과 칼이 됩니다.

　말은 입으로만 하는 것은 아닙니다. 눈으로도 말하고 미소로도 말합니다. 가벼운 터치로도 마음을 전달합니다. 사람들 사이에는 이러한 말들이 존재하여 서로 관계합니다.

　우리의 행복과 불행, 희로애락의 원천은 사람입니다. 그 사람과 나 사이엔 말이 있습니다.

　"정구업진언 수리수리 마하수리 수수리 사바하."

2014. 12. 22.

몸

몸이라는 단어는 '모음'의 줄임말입니다. 그러니까 우리네 몸뚱아리는 무엇들을 모아놓았다는 뜻이지요. 흙의 기운은 뼈와 살을 만들고, 물의 기운은 피와 고름과 오줌 등을 만들고, 불의 기운은 체온을 만듭니다. 마지막으로 바람의 기운이 스며들어 육체를 이룹니다. 여기까지 모아져도 마음이 들어서지 아니하면 고깃덩어리에 불과할 뿐입니다.

가만히 살펴보면 '나'라고 할 만한 것이 없습니다. 그토록 애지중지하는 '나'라는 것은 물질의 조합과 삶의 시간 속에서 저장되어온 기억들뿐입니다. 신생아에게는 '나'라는 개념이 없습니다. 본래 '나'라고 할 만한 것이 없기 때문입니다.

『반야심경』에서 핵심은 "조견 오온개공 도 일체고액照見五蘊皆空度一切苦厄"이라고 생각합니다. 육체와 정신이 공한 것을 비추어 알아차렸을 때 모든 고통과 고난을 건넌다는 것은

"나 없음(무아無我)"의 통찰이요, 이 통찰이야말로 일체의 집착과 구속에서 벗어나는 첩경인 것입니다. 어떤 시절인연으로 왔다가 그 인연이 다하면 본래 자리로 돌아갑니다. 우리 모두는 돌아가실 것입니다.

　젊은 나이에 신심으로 출가한 젊은 출가자들이여! 영원한 것과 영원하지 않은 것을 잘 가려서 무소의 뿔처럼 홀로 가라!(우바리 존자)

2015. 1. 6.

소문복래 笑門福來

웃으면 멀리 있던 복들도 하나둘 모여든답니다.

정혜사 선원에 살 때입니다. 아침 공양을 마치면 어두운 새벽 겨울 공기를 가르며 작은 후레쉬 불빛에 의지해 비탈진 산길을 내려갑니다. 한날 수덕사 대웅전 부처님과 좌우 협시보살의 미소에 반해서 님 보러 가듯 기쁘게 다녔던 것입니다. 근엄한 본존불만 보다가 아이 웃음처럼 천진한 그 미소에, 나처럼 게으른 사람이 매일 아침 눈도장을 찍으러 다녔다니 신기한 노릇입니다.

돌아오는 길에는 앞산에 솟는 선홍빛 일출과 구름들의 경이로운 아름다움에 생의 찬가가 절로 나옵니다. 누군가를 좋아하고 사랑하면 세상이 이렇게 다르게 보이는가요?

사람이라는 것이 대단히 복잡하면서도 또 한편으로는 무척이나 단순하기 그지없는가 봅니다.

우리는 누군가와 서로 의지하고 영향을 주고받습니다. 오늘 아침 나의 웃음이 누군가에게는 자비 보시가 되고 그것은 다시 나의 복으로 돌아옵니다.

을미년 새해에는 다른 곳에 욕심부리지 말고 웃는 데 욕심부리고 살았으면 합니다.
복은 웃음 쫓아다니는 것이니 걱정하지들 말고요.

2015. 2. 21.

갈등

"가르치려는 욕구는, 지배하려는 욕망의 다름 아니다."
– 윌 듀란트

잔소리나 지시하는 투의 말은, 이성적으로는 동의가 되어도 감정적으로는 슬며시 반감이 일어납니다. 누군가 나를 누르고 지배하려 든다면 반동이 일어나는 것은 당연한 일이겠지요. 나라 간의 갈등, 부족 간의 갈등, 종교 간의 갈등 등은 결국 한쪽에서 지배하려는 욕망을 제어하지 못하면 일어날 수밖에 없는 필연적인 결과물일 것입니다.

먼저 경청하고 자애로운 마음씨를 가진 분을 만나면 함께하고 싶어집니다. 평등하게 서로 이야기를 나누는 사람! 같이 걱정해주는 사람! 갈등을 없애는 덴 겸손이 약이 아닐까 생각해봅니다.

2015. 6. 7.

출가

　하얀 눈이 작은 바람에도 어지러이 맴돌며 내리는 저녁나절, 파르라니 깎은 머리에 가사 장삼을 수하신 스님들이 어디서 나오셨는지 삼삼오오 법당과 종각을 향하여 가십니다.

　난생처음 보는 광경이라 말없이 종각 한 끝자리에 서 있었습니다. 세 분이 종각에 올라서고 이내 채를 든 스님이 힘차게 법고를 두드립니다.

　"쿵쿵 쾅쾅 쿵쿵 쾅쾅……."

　장삼 자락이 춤을 추며 바람을 일으키고, 덩달아 내리는 눈발도 정신을 잃는 듯 장삼을 휘감고 돕니다. 법고 소리가 잦아드니, 대종 앞에 서 있던 스님이 한 아름이나 되는 당목撞木(종을 치는 나무)을 앞뒤로 흔들며 탄력을 줍니다. 그러더니 가슴 높이 올라온 당목은 한 키 넘는 범종을 망설임 없이 달려들어 "쿵!" 내리칩니다. 종소리는 온갖 숙연으로 싸맨 세속의 응어리를 풀어헤치듯 시원하고 경쾌하게 사방에 퍼져 울립니다. 운판과 목어까지 타성 의식을 마친 스님이 계단을 내려 오십니다.

낯선 부끄러움을 꾹 참고 스님에게 다가가 깊은 목례로 인사하며 "스님! 저 출가하러 왔는데요" 하였습니다.

그 스님은 내게 "지금은 저녁 예불 시간이니, 저 담을 돌아서 가면 문이 있는데 그 문으로 들어가면 밤색 옷 입은 행자님이 있을 것이다. 가서 애기하고 기다리고 있어라" 말씀하고 대웅전을 향해 잰걸음으로 가십니다.

한 행자님이 인정 많은 얼굴로 저녁을 챙겨 주시고, 허기졌던 나는 정말 맛있게 산사의 밥을 처음 먹었습니다.

2015. 6. 14.

행자

그래도 나는 운이 좋았나 봅니다. 점심나절에 들어왔다는 입산 동기가 한 분 계셨으니 말입니다. 천애 고아가 된 상황이었는데 비슷한 처지의 사람을 만나니, 몇 년 두고 알던 사람마냥 서로 의지가 되었습니다.

그날은 까만 밤을 불태워 새벽까지 날을 지새운 것이 아니었습니다. 입산 동기인 최형과 나는 새벽 종소리를 듣고서야 간신히 잠이 들었습니다. 누군가 화난 목소리로 그 누군가를 불러댑니다. 꿈인 줄 알았습니다. 짜증 섞인 소리에, 눈을 떴어도 꿈인 줄 알았습니다. 어제 그 최형이 먼저 일어나 앉으니 그제야 '아! 여기는 어제까지 잠을 자던 내 집이 아니구나!' 알았습니다.

우리를 불러낸 사람은 사미계 받을 때까지 괴로움을 준 유행자님이었습니다. 아침 공양 시간이 지났는데도 나오지 않자 우리를 부르러 온 것이었습니다. 큰 키에 떡 벌어진 어깨,

금테 안경에 신경질적인 미간의 주름, 나는 본능적으로 앞으로의 일들이 순탄치만은 않겠다는 것을 즉각 알아차렸습니다.

그날 오후부터 유 행자는 아주 오래된 행자실의 수칙을 전수하기 시작하였습니다. 이를테면 차수하는 법, 시선을 상대의 얼굴에 두지 않고 반개하여 발을 바라보는 것, 아무리 바빠도 뛰지 않는 것 등을 말입니다. 태어나서 처음 들어보는 이야기였는데 그것을 내 몸에 체화해야 한다는 것이 실감이 나지 않았습니다. 말이 쉽지, 나는 이것이 잘 안되어서 제법 혼도 나고 참회 체벌까지 받아야 했습니다. 그 유 행자의 까탈스러운 성미도 한몫했다고 나는 믿고 있습니다. 어둠 짙은 저녁에 유 행자님이 우리 방에 들어서서 앉습니다. 허리를 곧추세운 것이 제법이나 스님 생활을 한 것도 같았습니다. 일장 훈시 끝에 "내일은 삭발을 할 테니 그리 알고들 있으라" 하면서 의젓하게 문지방을 넘어서 나갑니다.

입산 동기인 최형은 군대도 다녀온 철학도 사학년이랍니다. 그분의 출가에 얽힌 일화와 각오를 들으며 고단했던 하루를, 두터운 이불로 덮고 억지로 잠을 청해봅니다.

2015. 6. 15.

행자2

삼월 속리산 날씨는 한겨울과 다르지 않았습니다. 처음으로 새벽 예불에 참석하여, 배운 대로 부처님께 삼배를 올린 후 좌복에 무릎 꿇고 앉았습니다. 대웅전 부처님은 얼마나 커다란지 목을 뒤로 한껏 젖혀야만 부처님과 눈을 마주칠 수 있었습니다. 또 나는 얼마나 왜소해지던지…….

사물四物(법고法鼓, 대종大鐘, 운판雲板, 목어木魚)의 울림이 이른 새벽 공기를 뒤흔들어 대고 난 후, 근엄한 스님들께서 속속 들어서는데 발 딛는 소리 하나 없이 자기 자리를 찾아 좌정하시는 모습이, 내 눈에는 모두 부처님 같아 보였습니다. 그 큰 법당이 당당한 스님들로 가득 차고, 맨 뒤 공간마저 신도님들로 가득 찼습니다.

선창 스님의 오분 향례를 마치고, 중저음 톤의 목소리로 통일된 스님들의 예불문이 이어졌습니다.

"지~심 귀명례 삼계도사 사생자부 시아본사 석~가모니불~"

무슨 내용인지는 알 수 없었으나 설명도 필요 없었습니다. 태어나 이런 가슴 벅찬 울림을 처음 경험해봅니다.

어제 문득 이런 생각이 들었습니다. 집을 나갔다가 돌고 돌아서, 이제야 내 집에 돌아왔다는 생각. 그리고 지금, 동경했던 스님들과 함께하는 새벽예불.

나, 여기 오길 참 잘했습니다.

2015. 6. 16.

삭발

출가인에게 있어서 외형적 변화는 먼저 삭발염의削髮染衣에 있습니다. 삭발은 무명초(번뇌망상)를 없애겠다는 다짐이고, 염의(물들인 옷)는 이기적 욕망을 절제한다는 뜻이 담겨 있습니다.

오후였습니다. 행자 반장님으로부터 호출이 있어 어지러운 마음으로 목욕탕에 들어섰습니다.

입산 동기인 최형은 점심나절에 가족들이 찾아와 한 시간여 실랑이하다가 결국엔 가족을 따라나섰습니다. 짧은 시간이었지만 의지가 많이 되었었는데……. 아쉬움이 컸습니다. 무엇보다 중요한 것이 인연이라 했는데 말이지요.

작고 깡마른 사람이 목욕탕으로 들어오는데, 히말라야 요기가 연상될 정도였습니다. 행자 반장님이었습니다. 생각 잘한 일이라고 짧은 한마디 건네며, 상의를 모두 벗고 앉은뱅

이 의자에 앉으라 하십니다. 드디어 올 것이 왔습니다. 거울 앞에서 제법이나 공을 들이던 까맣고 풍성한 머리카락인데…….

그때부터 나는 웃음이 실실 터져 나왔습니다. 어느 때부터인가 심각하고 경직된 상황에서 나도 모르게 헛웃음이 나오곤 했는데……. 주의를 받았습니다, 웃지 말라고. 가위와 칼을 든 반장님 앞에서 감히 웃다니, 지금 장난해? 기어코 큰소리가 나오고서야, 나의 헛웃음이 졸아들고 말았습니다.

삭발을 모두 마치고, 거울 속의 나를 가만히 들여다봅니다. 다시 헛웃음이 납니다. 누구시더라?

깎은 모습이 더 낫다고 웃으며 한마디 하시고 반장님은 나가십니다.

한 인생에 몇 번의 분수령이 있다 한다면, 오늘이 그중 하나일 것입니다.

새로운 시작점입니다.

2015. 6. 17.

이 행자

가고 가고 가다 보면 알게 될 것이요, 행하고 행하고 또 행
하다 보면 깨달음이 있으리라.

행자는 수행자의 줄임말이요, 도자는 도학자의 줄임말입니
다. 모두 같은 뜻입니다.

신참 행자를 받아들이는 입방식이 있는 날이면, 행자실과
붙어 있는 공양간에서 저녁 군불을 필요 이상으로 지핍니다.
기존의 행자님들은 모두 방석 위에 앉고, 신입 행자는 절절
끓는 맨바닥에 무릎을 꿇게 하여, 늘어진 테이프 같은 소리를
할당량만큼 해댑니다. 나는 이 어이없는 경직된 경건함에 병
같은 웃음이, 또 발동하고 말았습니다. 유 행자님의 구겨진
얼굴과 눈에서는 살상용 레이저 빔이 금방이라도 쏟아져 나
올 것만 같고, 위의 상행자 두 분도 거친 분노를 감추지 않습
니다.

웃으면 복이 온다는 말은 여기에서는 어느 틈에도 해당되지 않습니다. 정말이지 저도 환장하겠습니다. 그래도 행자실 시계는 흘러가고, 나는 법주사 행자실에 열세 번째 행자인 이 행자가 되었습니다. 행자실 방문 앞자리에, 내게 주어진 이불을 깔고 누웠습니다. 눈을 뜨고 있어도 급작스러운 환경 변화에, 좀체 현실 적응이 되지 않고 멍하기만 합니다. 곧 아홉 시 삼경 종소리가 울리고 행자실의 불은, 막내 행자인 나, 이 행자가 소등했습니다.

작년 가을서부터의 계획과 떨리던 순간들의 알음들이, 뜨거운 방바닥에 녹아 꿈결 속으로 사라져 갑니다.

2015. 6. 18.

참회

　지난 잘못을 반성하는 것이 '참懺'이요, 앞으로 짓게 될 과오를 경계하는 것이 '회悔'입니다.
　과거 속에 현재가 잉태되어 있고, 미래는 아직 태어나지 않은 현재입니다.

　나는 입방식 다음 날부터 미륵전 앞에서 백팔 참회를 하였습니다. 행자실 전체가 일주일 백팔 참회를 받았는데, 그중 나흘을 같이하였습니다. 미륵전에는 쿠션 있는 비닐 방석이 쌓여 있는데, 무모한(?) 신심으로 방석 없이 맨 시멘트 바닥에서, 백팔배를 십이 분에 끊습니다. 옆에서 내막을 알 리 없는 신도님들은, 푸릇푸릇한 행자님들의 절도 있고 스피드가 더해진 용맹스러운 참회의 절에 저들끼리 감탄하며 기꺼이 백팔배에 동참을 합니다.
　참회 첫날, 무릎이 까지고 오른발 엄지발가락이 벌겋게 달아올랐습니다. 그 다음 날, 이미 알아버린 고통을 맞이하는 것은, 하루가 그리 호락호락한 시간이 아님을 몸으로 가르쳐 주었습니다. 그렇게 거듭되는 상처 위에, 안티푸라민 연고를 서로 발라주며 건네는 너스레와 웃음은 한 병의 박카스와 같았습니다.

같은 고통을 함께 나누는 사람을 동지라 하였습니까? 나는 비교적 빨리, 행자실의 일원이 되었습니다. 그래도, 서열은 칼같이 분명하였습니다. 나는 맨 밑바닥의 심부름꾼이었습니다.

2015. 6. 20.

비 오는 날

　여기도 사람 사는 동네입니다.

　비가 오는 날이면, 기본 소임 외에는 일이 없어 행자실에서 시간을 보냅니다. 공동으로 쓰는 책꽂이가 있는데 십여 권의 책이 있습니다. 사실 신문이나 일반 서적은 금지 품목인데, 서로의 묵인하에 그 정도는 모르는 척 넘어갑니다. 책꽂이엔 『티베트 사자의 서』를 비롯해 인도 크리슈나무르티, 라즈니쉬 등의 종교성이 강한 서적들이 꽂혀 있습니다.

　때로는 잡담을 하기도 하는데, 자연스럽게 자신에 대한 신상 이야기도 나옵니다. 반장은 유명 대학 철학과 출신이고, 문 행자는 전라도 장흥에서 속리산까지 걸어서 왔다 하고, 맘씨 좋은 박 행자는 신춘문예에 네 번 떨어졌다 고백합니다. 문예지에 떨어져서 출가한 것은 아니라고 묻지 않은 이야기까지 들려줍니다. 이 박 행자님이 지금 나의 사형입니다.

　청계천에서 고물상을 하였다는 이 행자님은 우리들 중 가장 걸물입니다. 옛날이야기를 얼마나 맛깔스럽게 하는지, 혀를 차며 자신의 무릎을 장단 삼아 이야기보따리를 풀어놓으면, 지나치리만큼 늘 진지한 모습의 유 행자님도 목이 뒤로 넘어갑니다.

비 오는 날이면, 특별한 일이 한 가지 있습니다. 그동안 항아리에 모아둔 누룽지를 꺼내어 기름에 튀기고 설탕을 뿌려서 라이스 크래커를 만들고 부침개도 부칩니다. 강원 스님들에게 진상할 주전부리이자 승가의 전통으로 내려오고 있습니다. 덩달아 우리들 입까지 호사합니다.

행자님들의 나이는 대체로 이십 대 중후반이고, 나 같은 경우는 올깎이에 속하고 삼십이 넘으면 늦깎이에 속합니다. 비가 오는 날은 왜 그런지 시간이 천천히 흐릅니다. 마당에 고인 물처럼 느릿느릿 시간이 더디게 갑니다.

2015. 6. 22.

고비

고비는 무엇을 이룸에 있어, 넘어야 할 필연적 과정입니다.
뜻이 좋다면 말입니다.

한 번 붙어보자는 생각이 머릿속에서 떠나질 않습니다.
'이렇게 무기력하게 당하고만 있어야 하는가? 아무리 행자
실 규율이 그렇다 치더라도, 너무하지 않은가?'
자나 깨나 고민이었습니다.
내 상시적 안티는 유 행자였고, 간헐적 안티는 문 행자였습
니다. 치사하게 둘이서 협공을 하는 적도 있었습니다. 이것은
정말 비겁한 일인데⋯⋯. 삼 일을 고민했습니다.
"사나이답게 한판 붙고 떠나자. 절이 법주사만 있는 것도
아닌데⋯⋯."
사실 나와 유 행자는 플라이급과 미들급 차이로 체격부터
따지자면 처음부터 승산이 없는 게임이었습니다. 그렇다고

피할 일도 아니었습니다. 저녁 소임까지 모두 마친 깊은 밤이었습니다.

"유 행자님, 밖에서 좀 봅시다."

"왜요?"

"내가 행자님한테 할 이야기가 있으니까 밖으로 좀 나갑시다."

유 행자는 내 얼굴을 가만히 보다가 "나, 이 행자님과 할 얘기 없습니다" 하며 돌아서더니 풀썩 앉아버립니다. 끌고 나갈 수도 없고, 갑자기 맥이 빠집니다. 삼 일간이나 가슴 떨어가며 작심했던 나의 거사가 '할 얘기 없다'는 말 한마디에 수포로 돌아가고 맙니다.

"마음이 뜹니다."

고물상에서 일했다던 이 행자님에게 법주사에서 그만 떠나야겠다고 내 생각을 밝혔습니다. 이 행자님이 나를 데리고 운동장 쪽으로 데려갑니다. 법주사 윈 허리를 감싸고 흐르는 냇가는, 절의 수원지이면서 갈대밭이 아름답게 형성된 곳입니다. 이 행자님이 갈대밭에서 이렇게 이야기합니다.

"나도 몇 차례나 보따리를 쌌는지 모릅니다. 하지만 이 아름다운 곳을 두고 떠날 수 없었습니다."

그는 로맨티스트였습니다. 사진을 오랫동안 하였다더니 그는 아름다운 풍광을 가슴에 새겨 간직할 줄 알았습니다.

그날부로 나는 고비를 넘기게 되었습니다. 유 행자의 잔소리도 그전과 같지 않게 줄어들었습니다. 나를 부르는 어떤 땐 친근함마저 있었습니다. 고물상 이 행자님은 얼마 안 있어, 어머니가 편찮으시다는 핑계로 속가 집으로 돌아갔습니다.

굳센 마음만 있다고 다 되는 것은 아닌 것 같습니다. 천불이 출세해도 인연 없는 중생은 구제하기 힘들다는 말이 있듯이 시절인연이 무르익지 않으면 언제나 고비는 따르게 마련인가 봅니다.

당시 법주사 열다섯 행자님들은 어려운 관문과 고비를 넘겨 그해 가을에 사미십계를 받고 그렇게 스님이 되었습니다.

2015. 6. 24.

농담

　지대방에서 스님들과 차담을 나누면서 지내는 마지막 날이었습니다. 시원한 마루에 앉아 차를 한잔 마시는데, 그날이 하안거 결제를 마친 해제일이었습니다. 두 스님이 마당에 서서 무슨 이야기를 그리 재미나게 하시는지 궁금하더군요.

　두 스님 모두 열심히 정진하시는 분들로 소문나 있는, 무엇보다 저와 친한 스님들입니다. 한 스님은 송광사 구참 스님이고, 또 한 스님은 해인사 스님으로 저와는 도반이기도 합니다.

　가만 보다가 문득 장난기가 돌아, 지난 철 불국사 선원에서 찍었던 사진 한 장 들고, 두 스님 옆으로 다가갔습니다. 나는 진지한 표정으로 말했습니다.

　"얼굴 한번 봐주세요. 사실 제 여자친구입니다. 괜찮은가요?"

　두 스님의 얼굴에 웃음기가 싹 사라졌습니다. 내가 준 사진을 진지하게 바라보더니, "눈이 크고 웃는 모습이 밝고 시원

하다" 하십니다. 사진을 돌려받은 나는 "이 사실은 두 분만 아
셔야 합니다. 자랑할 일은 아니지 않습니까?" 하며 돌아섰습
니다. 오전에 있었던 일입니다.

점심 공양을 마친 스님들은 풀 먹여 잘 다린 옷들을 입고
걸망을 멥니다. 문득 두 스님에게 몹쓸 짓을 했다는 생각이
들더군요. 사진 속의 그 여인은 탤런트 장서희 씨였습니다.
아는 스님 인연으로 선원에 왔다가 가지런히 두 손 모으고 찍
은 사진이었습니다. 문제는 두 스님 모두 이 유명한 연예인을
모른다는 사실입니다. 나의 농담을 고백으로 받아들인 스님
들께 사실을 밝히지 않으면 두 스님 모두에게 근심 하나씩을
선물하는 죄를 짓는 것이라서 자백했습니다. 유명한 연예인
이라고. 그때서야 웃으며 속으로 많이 놀랐다 하시더군요.

좋은 스님들과 한 철 잘 살고, 봉암사 산문을 웃으며 걸어
나옵니다.

"가끔은 테레비도 한 번씩 보셔요, 스님들!"

2015. 7. 10.

해우소

　근심을 풀어 버리는 곳.

　우리가 보통 화장실이니 측간이니 뒷간이라고 부르는 곳을 절집에서는 '해우소解憂所'라 부릅니다. 곱씹어 생각하면 작은 웃음과 더불어 "지당하십니다"라는 소리가 절로 나옵니다.

　근심은 만병의 근원이요, 그 자체로 고통스러운 것입니다. 이와 같은 근심을 한 번에 날려 버리는 곳이니 얼마나 감사한 곳입니까. 수준 높았던 절집의 문화를 보여주는 일면이 아닐까 생각해봅니다.

　불교는 근심을 풀어 없애 마음을 평안하게 하는 것을 기본 골자로 하는 종교입니다. 해탈이니 열반이니 하는 말은 모두 근심 어린 마음을 모두 풀어내어 안락해진 상태를 말하는 것입니다. 그렇다면 근심을 만드는 원인은 무엇일까요? 부처님께서는 탐욕과 성냄과 어리석음이라고 말씀하십니다.

　먼저 탐욕입니다. 땅속의 생리를 자신의 손바닥 보듯 하는

지관地官도 자신의 묫자리는 찾지를 못한다 합니다. 욕심이 앞서면 보아야 할 것을 보지 못하고, 보지 않아야 할 것을 바라보니 깊은 웅덩이에 빠지기 십상입니다.

다음은 성냄입니다. 화는 불과 같은 것입니다. 화가 잦은 사람은 이미 자기 자신에게 화가 많이 나 있는 사람입니다. 우울증 같은 것도 결국 성냄의 다른 이름입니다. 화는 자기 자신도 태우고, 상대방에게도 불을 지르는 고약한 특징을 갖고 있습니다.

세 번째는 어리석음입니다. 벌겋게 달아오른 숯불을 맨손으로 덥석 잡아들고 손을 태우고서야 "아! 뜨겁다" 하는 것입니다. 이 어리석음은 아이큐가 낮은 게 아니라 탐욕과 성냄이 본래 밝았던 눈을 가려놓아 사리 분별력을 잃어버리는 일종의 정신적 장애 같은 것입니다.

이 탐진치 삼독이 근심과 고통의 원인인 것을 분명히 알아차리는 데서부터 해우는 시작될 것입니다.

진정한 해우소란, 나보다 상대를 먼저 배려하고 아끼는 우리들 맑은 마음자리일 것입니다.

2015. 7. 23.

철학

법주사 경내에는 우리나라에서 제일 큰 무쇠솥이 있습니다.

아주 오래전이었습니다. 법주사 스님과 해인사 스님이 대전 어디쯤에서 만났다 합니다. 두 스님 다 입심이 세기로 소문이 나 있던 스님들입니다. 먼저 해인사 스님이 해인사 해우소 자랑을 합니다.

"해인사에는 아주 깊은 해우소가 있는데, 내가 절에서 나오기 전에 큰 볼일을 보고 나왔는데 아마도 지금쯤 밑바닥에 떨어졌을 겁니다."

그 이야기를 들은 법주사 스님 왈, "법주사에는 아주 큰 국솥이 있는데, 국솥이 얼마나 큰지 국을 끓일 때면 국자로 옳게 저을 수가 없어서 배를 한 척 띄워놓고 국을 한 번씩 저어줍니다."

저도 옛날 해인사 해우소를 압니다. 얼마나 깊던지 다리를 달달 떨면서 이거 일을 봐야 하나 어째야 하나 고민한 적이 있습니다.

오래전 관응 큰스님께서 오셔서 경전 특강을 할 적에 제가 큰스님께 한번 법주사 장솥에 대해 여쭈어봤습니다.

"큰스님! 정말 저 솥에 국을 끓였을까요? 만약 국솥으로 사용했다면 솥은 어디다 무엇으로 겁니까? 그리고 나무를 얼마나 때야 물을 끓일 수 있는 겁니까?"

제 이야기를 가만히 듣던 큰스님께서 하시는 말씀 왈, "아마도 저 솥은 장엄용 솥이었을 것이다. 어떤 이유로 조성했는지는 알 수 없으나 사용하지는 않았을 것 같다" 하시더군요.

우리나라에는 삼대 미륵도량이 있는데 위로부터 금강산 발연사, 속리산 법주사, 김제 금산사가 있습니다. 발연사는 발우에 전설이 깃들어 있고, 법주사와 금산사에는 큰 장솥이 지금도 존재합니다. 과연 이 장솥들은 세월이 흘러 먼 천년 뒤에 우리들에게 어떤 전설로 남아 있을까요?

2015. 7. 30.

음악

벌써 이십여 년 전의 일입니다. 선원에서 대중 생활을 하다 원만치 못한 사람들 관계가 오히려 내 공부에 방해가 된다는 생각에 토굴을 선택하여 토굴 살이를 할 즈음입니다.

그곳에도 전기가 들어오지 않아 촛불을 켜놓고 생활을 하였습니다. 하루는 가끔씩 찾아오던 지인들이 음악을 들려준다며 일제 카세트와 황병기 가야금 산조 테이프를 가져와 들었습니다. 날씨가 훈훈해진 봄날의 밤, 하얀 등에 불 밝히고 듣는 가야금 소리는 모든 것이 부러울 것 없는 황홀한 천상세계와 같았습니다.

다음 날, 그 시간에 다시 음악을 틀었습니다. 어제의 전율을 다시금 떠올리면서 말이죠. 그러나 어찌 된 일인지 똑같은 어제의 그 가야금 산조가 시끄럽게 느껴졌습니다. 가만히 테이프를 끄고 짙은 어둠의 앞산을 물끄러미 바라만 보았습니다. 바람 소리, 물소리가 내 귀를 간질이며 살랑거립니다. 아무리 좋은 음악이라도 사람의 조작이라는 생각에 이르자 그 전의 음악에 대한 관념이 일시에 사라져버렸습니다.

작년부터 클래식 음악을 듣기 시작했습니다. 한참 듣고 있노라면 마음이 평안해지고 때로는 그 속에서 자유마저도 느끼게 됩니다. 어느 때는 좀 더 애써 듣고 싶은 생각이 들기도 하지만, 그것은 체질적으로 안 되는 나의 바람일 뿐이었습니다.

하나의 믿었던 나의 견해나 신념이 무너지고, 그리고 다시 만난 그 무엇들은 집착과 속박에서 벗어나 더 좋은 친구가 될 수 있다고 나는 믿습니다. 『반야심경』에서 부정의 '없을 무無' 자가 그리도 많이 나오는 것은, 순도가 높은 그 무엇을 구하려면 내가 알고 있는 관념들이 무너지고, 또 진실이며 진리라고 믿는 생각에서도 벗어난 채, 자신의 모습으로 이 세계와 단둘이서만 마주하려는 최고난도의 절대 긍정을 위한 부정의 미학이라는 생각이 들었습니다.

색즉시공 공즉시색…… 무수상행식…… 무안이비설신의…….

2015. 10. 1.

아우라

지금 이 시절이 세월 중 으뜸의 시간입니다.

활짝 핀 꽃나무를 지나노라면,

'와!' 그저 감탄만 나옵니다.

만개한 꽃에게 아우라가 있다는 것을 이제야 알았습니다.

오늘은 다만 오늘입니다.

미운 당신!

그대 있어 내가 온전히 존재합니다.

내가 생각이 짧았습니다.

2016. 4. 12.

회갑

여린 연무는 풀빛을 깊게 하고
법당 뒷자락에 윤기 자르르 흐르는 동백 이파리들 사이
속 붉은 꽃잎들이 먼 길에 지친 객승을 바라봅니다.

푸른 도량에는 낭랑한 영인 스님의 염불 소리 그득하고
허리 굽은 노보살님은 이른 잡초를 매는 데 여념 없습니다.

도반 모임에 올까 말까 조금은 망설였는데
오기를 잘했습니다.

마침 오늘이 주승의 회갑이라 합니다.
엊그제 학교를 같이 다녔는데
세월 참 빠릅니다.

시간 흐를수록 반갑고 고마운 얼굴들입니다.

흘러갑니다.
그래도 같이들 흘러서 조금은 덜 억울합니다.

2016. 4. 14.

결핍

오래전 토굴에 살 때의 이야기입니다.

그곳은 인적이 거의 없었습니다. 시간도 아주 천천히 가서,
몸짓도 시간 따라, 작은 여울물처럼 머물다 흐르다, 흐르다
머물다 하였습니다.

문득 사람이 그리워지면, 뒤안길을 걸으며 내 좋아하던 가
곡 몇 곡을 정성껏 부릅니다. 아무라도 들어줄 것 같기에, 손
에도 목에도 힘이 잔뜩 들어갑니다.

하루는 버섯 따는 할머니 두 분이 오셨습니다. 물을 찾기에
냉수 두 사발을 드립니다. 갈증을 덜고 이내 자리에서 가려
하기에 순간 안타까움이 일더군요.

싸리버섯 한 망태기를 다 샀습니다.

한 시간만 이야기하는 조건으로 말입니다. 그때부터 사람 참 뻘쭘해지더군요. 아마 그 할머니들도 나와 크게 다르지는 않았을 겁니다.

어떤 결핍은 그것의 고마움과 소중함을 일깨워주는 약이 되기도 합니다.

2016. 9. 4.

쑥부쟁이

바람이 꽃을 건들면
향기는 무색으로 피어납니다.

앞에만 보느라고 뒷자락에 핀 쑥부쟁이를
이제야 보았습니다.

바람이 꽃을 피우듯이
당신은 나의 연원입니다.

2016. 10. 11.

번뇌를 다 끊으오리다

반가운 전화가 왔습니다.

"원상 스님, 잘 계시지요?"

"아! 예, 정혜 스님, 스님도 잘 계시지요?"

"예, 저도 잘 있습니다. 지금은 부산 송도의 사형 절에서 겨울을 나고 있습니다. 시간 나면 부산에 한번 오시지요!"

"예, 한번 내려가겠습니다."

그것이 정혜 스님과의 마지막이었습니다.

정혜 스님과는 봉암사 선원에서 처음 만났습니다. 서로가 서로를 알아봤다고 할까요. 살면서 이렇게 말이 통하고 의기투합한 적이 있나 싶었습니다. 우리 둘은 조금 고참 레벨에 속하여 2인 1실로 같은 방을 썼습니다. 정혜 스님은 키도 훤칠하게 크고 멋을 아는 사람이었습니다. 유명 대학 출신인데 학교 다닐 때도 무명 두루마기 입고 밀짚모자에 걸망 메고 다

넜답니다. 인기 좀 있었다고 겸연쩍은 미소로 이야기하더군요.

정혜사 선원에서 삼 년 결사를 마치고는 뜻한 바 있어 공군 법사로 자원 입대하여 육 년간 사관생도들과 간부들 포교를 열심히 하였고, 소령으로 예편하고는 바로 선원에 다시 들어온 것이었습니다. 강직한 무인 기질이면서도 모든 사람에게 친절하고 예의가 바른 스님이었습니다. 대중 선원에서 오래도록 정진에 진척이 없자, 봉암사 산내 암자에서 홀로 동안거를 나며 이번 철에 목숨 걸었다 하며 정진을 하였는데, 사람이 감내하기 힘든 극한의 정진이었고 그로 인해 건강을 많이 해쳤다 합니다. 그 후로 다른 처소에서 지내다 결국에는 자기가 좋아하던 희양산에서 스스로 생을 마감했습니다.

그때 부산에 못 내려간 것이 후회가 됩니다. 잔도 한 잔 못 올렸습니다.

스님들 중에도 대체로 선방 수좌들이 이런 식으로 삶을 마감하는 분이 종종 있는데 나는 그들의 절대 고독을 알기에 가슴이 더욱 아리고, 생각하면 눈시울이 뜨겁습니다.

뜨거운 청춘들이 순수한 열정의 구도열로 정진하다 스스로의 한계에 부딪혀 자신을 놓아버리는 불행한 일들을 동의할 수 없으나, 수행자들이 겪는 무간의 고통은 넘을 수 없는 산이기도 할 것입니다.

번뇌를 끊는다 하는데 사실 번뇌는 실체가 없는 유령과 같아서 끊고 자시고 할 게 없습니다. 인간은 생각하는 동물입니다. 깨어 있을 때는 생각이 쉼이 없고, 또 잠을 잘 때도 꿈을 통하여 이야기를 하고 있습니다. 그러니 무념무상의 경계에 이르는 것은 참으로 어렵습니다. 또 그렇게 무념무상의 경계에 올라섰다 하여도 한순간의 체험이 아닐까 생각합니다.

번뇌를 끊는다 함은 번뇌가 나쁜 것이라는 전제하에 하는 말일 텐데 번뇌가 과연 나쁜 것이기만 할까요? 번뇌 안에는 판단·분별·고민·선택이라는 것이 상주하는데 이것은 사람이 사람답게 살려는 의지의 작동이고, 거기에서 오는 불안과 공포는 하나의 방어기제이기도 할 것입니다. 우리가 걱정해야 할 것은 번뇌를 끊는다는 생각의 번뇌에 빠지지 않는 것입니다.

『서유기』에서 현장 법사가 잠깐 자리를 비운 사이에 손오공과 일행들 앞에 여섯 도적이 나타나서 강도짓을 하려다, 오히려 손오공의 무력 앞에 저세상 사람이 됩니다. 현장 법사가 돌아와 잠시 잠깐 만에 벌어진 꼴을 보고는 손오공과 제자들을 꾸짖습니다.

"여섯 도적을 여섯 도적으로만 보지 않고 그이들을 제도하면 육바라밀로 만들 수 있는데, 여섯 도적을 쳐죽였으니 너희들의 행동이 참으로 바른 것이냐?"

여기에서 여섯 도적은 안이비설신의眼耳鼻舌身意 여섯 개의 감각기관을 비유로써 말합니다. 우리의 감각기관은 객관적이지 않고 다분히 주관적입니다. 눈으로는 좋은 것만 보려 하고, 귀로는 거슬리는 이야기는 듣지 않으려 합니다. 코는 좋은 냄새만 맡으려 하고, 혀는 한없이 간사합니다. 몸뚱아리는 부드럽고 쾌적하기만을 바라고, 생각의 주인은 이기적이기만 합니다. 이런 이기적인 감각으로는 해탈과 열반의 세계에 나아가기 어렵다는 생각인데, 또 이것을 빼놓고는 사람 자체가 성립되지 않고 수행을 할 수도 없는 것입니다.

생각의 전환, 발상의 전환.

'피할 수 없다면 즐겨라'라는 말이 있습니다. 깨달음이라는 것도 어찌 보면 생각의 전환입니다. 나에게는 전혀 없던 그런 것을 얻는 것이 아니고 막혀 있던 생각의 봉인을 해제한 것이지요. 이를테면 여섯의 도적을 육바라밀로 바꾼 것이지요. 육바라밀은 보시·지계·인욕·정진·선정·지혜를 말함인데, 자신의 의식세계를 고차원으로 이끄는 것이지요.

우리가 수행하고 정진함은 결국 자기만족과 행복함일 텐데 그러기 위해서는 자신의 수행도 중요하나 주위의 사람과 더불어 살아야 하는 공존의식이 필요합니다. 그러려면 '자리이타自利利他', 즉 나도 이롭고 타인도 이로워야 합니다. 그것이 가능할 때 '자각각타自覺覺他', 나도 깨닫고 타인도 깨달음으로 인도할 수 있을 것입니다.

시인 조지훈 님 의 시 중에 '세사世事에 시달려도 번뇌煩惱는 별빛이라'(『승무』)라는 말이 있는데 참 멋있는 표현이라고 생각합니다. 잠 못 이룬 밤이 있어 깊은 어둠 속의 보석 같은 별들을 볼 수 있는 것이고, 모든 문학과 예술품도 그런 방황과 고독, 몸부림으로부터 탄생한 산고의 결과물일 테니 말이지요.

그러나 또 어떤 번뇌는 자신의 영혼을 갉아먹습니다. 지나간 일에 집착하고 오지 않은 일에 근심하며, 한번 일어난 생각을 흘려보내지 아니하고 계속해서 번뇌의 재생산을 하는 것은 너무나 힘든 과소비적인 것입니다.

나의 번뇌는 꿈과 같고 물거품과 같아서 실체가 없음을 스스로 늘 자각하고 있어야 할 것입니다. 사실 그렇게 생각하는 자신도 또한 이와 같음은 조금도 다르지 않습니다.

불교적 지혜라는 말은 이런 실재하지 않는 유령 같은 실체를 여실히 알고 바라보아서 스스로 속지 않음에 있습니다. 무명에 속아서도 안 되지만 깨달음에 속아서도 안 됩니다. 젊은 수행자들이 깨달음이라는 함정에 빠져 돌이킬 수 없는 판단을 하는 것이 너무 안타깝습니다. 깨달음이라는 허상의 이름을 세우는 순간부터 깨달음의 포로가, 노예가 됩니다. 우리가 이 공부를 하는 이유는 궁극적 자유를 얻기 위함인데, 스스로 사슬을 채우고 집착하여 오갈 데 없는 노예가 되어서는 안 됩니다. 황금이 아무리 좋다 하여도 눈에 넣으면 눈병만 생기는 이치와 같은 것입니다.

중국에 황벽黃蘗 스님(?~850)이라는 도인이 계셨는데 그 문하에서 벌어진 이야기 하나 소개하겠습니다. 조실스님께서 매달 보름이면 상당법문을 하셨는데, 정진하는 수좌들이나 근동의 신도님들까지 법당 안을 가득 채우고는 했습니다. 그 가운데 한 백발의 노거사님이 법당 마루 끝에 앉아 법문을 진지하게 듣고 돌아가시곤 하셨습니다.

어느 날 조실스님의 꿈에 그 노거사님이 나타났는데, 노거사님이 하시는 말씀이 "큰스님! 사실 저는 오백여 년 전 이 절에 살았던 주지였습니다. 어느 날 법문을 하는데 어느 젊은 수좌가 제게 묻기를 '도인에게도 인과가 있습니까? 아니면 그렇지 않습니까?' 하기에, 저는 그 수좌에게 도인은 인과가 없다고 말하였고, 그 과보로 여우 몸을 받아서 지금까지 이렇게 절 뒷산 동굴에서 지내고 있답니다. 가엾은 저를 위해서, 또 많은 수행자들을 위해 큰스님께서 자비법문을 해주시기를 간청드립니다." 그러고는 꿈에서 깨시었습니다.

그 일이 있은 후 다음 법회 때 큰스님은 꿈 이야기를 소개하시면서 젊은 수좌에게 그 질문을 하게끔 하시고, 한 말씀으로 그 질문에 대답하십니다.

"불매인과不昧因果다. 진정한 도인은 인과에 끄달리지 않는다."

그 노인은 큰스님의 그 한 말씀에 크게 깨달았습니다. 그날 밤 꿈에 노승이 나타나 "큰스님의 법문 덕분에 여우 몸을 벗어버리게 되었습니다"라면서 큰절 세 번 하고는 사라졌습니다.

다음 날 큰스님이 대중들과 함께 뒷산 바위굴에 가보니, 과연 늙은 여우 한 마리가 편안한 주검으로 있어 그 여우를 스님들이 하는 예법으로 정성껏 다비를 해드렸습니다.

어쩌면 삶이라는 것은 수없이 다가오는 고비를 넘고 넘어가는 하나의 장편 드라마와 같습니다. 하나를 극복하면 또 다른 하나가 또 기다리고 있습니다.

산에 사는 사람은 산에 의지하며 산에 살고, 파도를 타는 사람은 파도를 잘 알아야 합니다. 인생이라는 다큐는 굴곡의 번뇌가 연출하는 하나의 작품입니다. 스스로의 번뇌를 잘 살펴보는 것이 번뇌를 쉬는 첫걸음이 아닐까 합니다.

하얀 수염이 멋있던 시인 구상 님의 시구 하나 적으며 이 글을 마칩니다.

"네가 시방 가시방석처럼 여기는 / 너의 앉은 그 자리가 / 바로 꽃자리니라."(「꽃자리」)

2019. 7. 10.

남암 南庵

    싸릿문은 밖에서 잠겨져 있습니다. 오늘은 동안거 결제일인데 남암의 암주이신 초삼 스님은 어디로 가신 걸까요? 큰절에서 기다리던 대중스님들은 고심에 빠집니다.

    삼십여 명의 대중스님들은 싸릿문 앞에서 어쩌지 못해 우왕좌왕 대는데 주지스님과 고우스님께서 대중을 가르고 나서시면서 주지스님은 벌써 알고 계셨는지 "저 따라오세요" 하면서 싸릿문 왼쪽을 끼고 돌며 산 능선으로 앞서 오르십니다.

2019. 7. 25.

법문을 다 배우오리다

남암南庵에는 수좌계에서 전설로 통하는 초삼 스님이 살고 계셨습니다. 큰스님께서는 조실이나 종정으로 모시려고 해도 두문불출 수행에만 애쓰시고 밖으로 드러나는 일은 거의 없으시어 점차로 전설의 인물이 된 분입니다.

내일은 동안거 결제일이어서 주지스님과 선덕스님, 그리고 대중 대표로 입승스님까지 세 분이 찾아가서 큰스님께 결제 법문을 부탁드렸는데 돌아오는 말씀은 "내 아직 공부가 끝난 사람이 아닙니다. 그러니 이해 좀 해주시기 바랍니다"라는 말씀이었답니다.

결제 당일, 이 일로 해서 삼십여 명의 수좌들은 큰 방에 모였습니다. 결제 법문 없이 우리끼리 결제식을 할 것인지 아니면 아예 남암으로 쳐들어가서 거기서 결제식을 하고 올 것인지, 하는 내용이었습니다. 결국 공부하는 행자가 큰스님을 찾아뵙고 법을 청하는 것이 틀리지 않다고 의견을 모았습니다.

모두 대가사를 개어 가슴에 붙여 들고서는, 앞장선 입승스님을 선두로 안행식으로 남암 앞에 다다랐습니다.

그런데 어찌 된 영문인지 대나무로 엮어 만든 문에, 오래 묵은 자물쇠가 잠겨져 있습니다. 문이라고 해야 옆으로 슬쩍 돌아서면 그만이지만 그래도 문은 문입니다.

'문이 밖에서 잠겨 있는 것이 노사老師께서 외출하셨다는 뜻인데……'

그렇게 그 문 앞에서 어정대고 있는데 주지스님과 고우 선덕스님이 뒤따라 오셨습니다. 주지스님은 먼저 알고 계셨다는 듯이 "제가 앞장서겠습니다" 하며, 대나무 문 옆 능선 길을, 무명 동방 소매로 휘휘 바람을 일으키며 성큼성큼 나아가십니다. 암자는 산맥이 내려오다 잠깐 쉬어가는 그 자리에 앉아 있어 산줄기 따라 능선으로 올라갔다 다시 옆길로 내려와야 하는 코스입니다. 암자에 들어서니 마당에 아침 햇살이 가득하고 엊그제 내린 눈발이 녹아 땅은 질척거렸습니다.

"큰스님! 큰스님! 큰절 대중이 큰스님이 안 오셔서 모두들 산 넘어서 이 자리에 왔습니다. 잠깐 얼굴이라도 보여주십시오."

한철 대중을 이끌 입승스님이 씩씩하고 굵은 목소리로 말하였습니다. 잠시 정적의 시간이 흐르는데 체격이 건장하시고 시골 촌부 같은 어른이 투박하고 담박한 미소로 나오십니다. '아! 저 어른이 초삼 노사이시구나!' 하는 생각이 스쳐 갑니다. 그런데 그때의 대중 분위기는 그 진창에서 노사께 삼배를 하자고 누군가 먼저 이야기를 하면 모두 다 같이 맨땅에서 절을 할 분위기입니다.

혜가 스님은 달마 스님에게 법을 구할 때 자신의 팔뚝 하나를 스승에 대한 믿음의 표시로 바치기도 했다지 않습니까.

노사께서는 합장하시고는 말씀하십니다.

"일없이 세월만 보낸 늙은 촌부에게 무슨 일로 이렇게 대중스님들이 오셨습니까?"

"큰스님 말씀 한번 듣고자 이렇게 전 대중스님들이 왔으니, 어떤 말씀이라도 한 말씀은 해주셔야겠습니다."

노사께서 잠시 숨을 고르시고는 하시는 말씀이 앞뒤 없이 "도반을 잘 사귀세요"라고 하십니다. 순간 전율 같은 것이 느껴졌으며, 그 말씀이 떨어지는 순간 당신의 뜻을 알아차렸습니다.

노사께서는 겸손하시게도 "나도 아직 공부 중인 사람입니다. 다 같이 공부 열심히 합시다" 하시는데 무슨 말이 더 필요하겠습니까?

들어올 때는 산언덕을 넘어서 왔지만 갈 때는 노사께서 문을 열어주시어 오솔길 따라 큰절로 돌아왔습니다. 어른께서는 문 앞에서 우리 젊은 수좌들 손을 일일이 잡아주시는데 그 손은 크고 두텁고 따스했습니다. "공부 열심히 합시다" 하시며 건네신 악수는 그때의 그 감동으로 이십 년이 흐른 지금도 여전합니다.

불법佛法은 시간과 공간을 뛰어넘습니다. 천 년 전에는 맞았던 것이 지금은 그르다고 한다면 그것은 진리가 아닙니다. 유럽에서는 통하는데 한반도에서는 그렇지 않다면 이것 또한 진리라고 할 수 없습니다. 세대도 국경도 그 무엇도 평등하게 적용되는 것이 진리이고 불법입니다. 석가모니 부처님 재세 시에도, 부처님 이전에도, 또 부처님 입멸 이후에도 진리는 변함이 없습니다. 변하는 것은 진리가 아니기 때문입니다.

결국 진리는 영구불변한 것이고 그러한 진리를 깨달았을 때 우리는 비로소 참된 자유인이 되는 것이고, 그것을 일러 해탈이라고 하기도 하고 열반이라고 하기도 합니다.

불자佛子라고 하는 것은 부처님 제자이고, 부처님은 우리 중생들에게 참된 자유의 길을 몸소 보이시고 성도 이후 입멸에 드실 때까지 중생들의 근기에 맞추어 자비 법문을 해주시었습니다. 어린아이에게는 아이에 맞는 법문을 하시고 학식이 있는 사람에게는 그에 맞는 설법을 하셨습니다. 사실 부처님 입장에서는 근본 자리만 보이시면 되실 일이지만, 어리석은 중생은 손에 쥐어주고 입에 넣어주어야 알아듣기에 그토록 자비롭게 말씀을 하시게 된 것이고, 그것을 모두 모아 보니 하도 깊고 광대하여 그것을 일러서 팔만사천 법문이라고 말하게 된 것이고, 책으로 엮으니 대장경이라고 한 것입니다. 사실 이 공부는 영원성의 공부이고 한마음의 공부이기에 자칫 잘못하면 팔만 사천 리 멀어질 수 있으므로 눈 밝은 선지식이 그만큼 중요합니다.

예산 수덕사의 만공 스님은 스승이신 경허 스님의 지도 아래 공부를 지어가다 깨치셨는데 스승에 대한 존경심이 얼마나 크셨는지 생전에 가끔 이렇게 말씀하셨답니다.

"우리 스님께서 불고기가 드시고 싶다고 하시면 나는 '예, 스님!' 하고 웃으면서 나의 허벅지살을 싹둑 잘라, 웃으면서 기꺼이 내놓을 수 있습니다."

스승에 대한 믿음과 존경이 이렇게 거룩하신데 깨치지 못하셨다면 차라리 그것도 이상할 것 같습니다.

공부의 시작은 스스로 '나는 아직 모른다'라는 자각에서부터 출발합니다. 내가 모른다는 것을 알기에 누군가의 말씀을 들어야 합니다.

부처님께서 설법해 놓으신 경經을 봅니다. 또 듣습니다.

경經은 본다고 하지, 배운다고 하지 않습니다. 경은 지도와 같은 것입니다. 지도와 실제는 같지 않습니다. 경으로 나침반을 삼고 실천 수행해 나아가며 확인하는 것입니다. 또 어느 곳에 눈 밝은 선지식이 계신다고 하면 불원천리不遠千里하고 친견하여야 합니다. 친견할 때는 예를 다하고, 자신을 모두 비우고 순수한 마음으로 받아들여야 합니다. 제대로 비워야 제대로 채울 수 있습니다.

수행자라는 말은 깨어 있는 자라 말할 수 있겠으나, 범부凡夫의 수행자들은 미혹[迷]과 깨달음[悟]이 번갈아 오니 말뚝같은 경에 의지하거나, 눈 밝은 스승 아래서 공부를 지어가는 것이 맞다고 할 것입니다.

'법문을 다 배우오리다'라는 서원은 참으로 진지하고 성실합니다. 하나를 모르나 열을 모르나 모르는 것은 매한가지입니다. '법문을 다 배우오리다'라는 말은 부처님 공부를 끝까지 이루겠다는 서원인 것입니다. 수행자가 중간에 "내 소리 들어봐라" 하며 자신을 드러내는 일은 스스로에게는 이로움이 없을 듯합니다.

사람의 크기는 생각의 크기입니다. 지금 생각하고 행동하는 것이 결국 미래의 나입니다. 경經에 부처님께서 수기를 내려주는 장면들이 왕왕 나오는데, 어쩌면 우리는 자기 자신에게 수기를 주는 사람이기도 하거니와 받는 사람이기도 합니다. 수기의 내용은 우리 자신들의 서원입니다.

부처님 말씀을 한마디로 말한다는 것은 어불성설이겠으나 그래도 굳이 이야기한다면 "그대 자신이 부처이고 그대 자신이 보살입니다. 밖으로 찾지 아니하고 내 안의 부처를 바로 보고 부처의 행동을 하면 그만입니다"라고 하겠습니다.

옛날 어떤 이가 '봄'을 기다립니다. 기다리고 기다려도 영 소식이 없어 '봄'을 찾아 나섰습니다. 가까운 시내를 따라가다 강을 만나고, 아주 오랜 세월 강이 흘러가며 만든 들판을 걸으며 농사짓는 농부도 만나고, 한가롭게 풀을 뜯는 소도 봅니다. 길 없는 곳에서는 길도 만들어가며 나아가고, 가파른 산도 마다하지 않았습니다. 배고픔과 거친 잠자리는 기본입니다. 그러나 끝내 봄은 찾을 수 없었고 그렇게 헤매다 고향 집으로 돌아왔습니다.

제집은 그대로입니다. 사립문을 열고 들어서는데 오래된 복숭아나무에 복숭아꽃이 붉게 피었습니다. 그 힘들었던 오랜 시간 동안 밖에서 '봄'을 찾다가 못 찾은 '봄'이 내 집 안에 태연히 복숭아꽃 살구꽃으로 피어나, 돌고 돌아서 온 '나'를 맞이합니다.

　사람은 죽을 때까지 배워야 한다는 말은 참으로 맞는 이야기입니다. 흘러간 옛 노래마냥 왕년의 이야기만 해대는 사람은 매력 없습니다. 오래된 골동품은 세월이 갈수록 값이 나가지만, 멈추어진 사고방식은 갈 데 없는 꼰대입니다.

　'깨어 있으라'는 말은 한 생각에 머물지 말라는 뜻입니다.

　좌파니 우파니 진보니 보수니 하며 서로가 실체도 없는 이름에 얽매여서는 안 됩니다.

　종노릇 말고 주인 노릇 하자는 이야기입니다.

　깨어 있음은 살아 있는 것이고, 항상 자기 자신을 열어 놓고 최상으로 진화해 나가는 것입니다. 살아 있을 때 황진이지, 죽어서는 혐오스러운 시신일 뿐입니다.

　주위를 돌아봅니다. 나에게 참다운 도반은?

　나는 또 누군가에 좋은 도반일 것인가?

　"도반을 잘 사귀세요."

2019. 8. 9.

제 3부

나의 화두, 연꽃마을

내려놓기

함께 수행하던 스님 둘이서, 만행 길에 깊은 내를 만났습니다. 물을 건너지 못해 종종거리던 처자가 있었는데 사정을 알고는, 덥석 업어서 건네주었습니다. 다시 한참을 걷던 한 스님이 "수행자가 어찌 젊은 처자를 업을 수 있는가?" 하며 힐책합니다. 대답하는 스님의 말씀이 걸작이자 명언입니다.

"어허! 스님은 여태 그 처자를 업고 오셨습니까? 저는 아까 그 자리에서 내려놓았습니다."

무엇이든, 오래 들고 있으면 무겁고 병이 나는 법입니다.

2014. 10. 11.

노스님

　제목을 '노스님'이라 해놓고서는 글을 쓰려 하니, 무슨 말을 해야 할지 모르겠네요. 노스님과 같이 산 시간 속에 너무 많은 일들이 있었기 때문인가요.

　돌아보면, 대체로 혼나는 일들이 많았던 듯합니다. 한번은 꾸중을 듣다 심하게 반항을 하니 노스님께서 하시는 말씀, "내가 너를 산 말이라 생각하기에 침을 놓는다. 죽은 말이라 생각하면 침을 놓을 일이 없지 않겠느냐? 그래도 나는 네가 집에 안 가고 중노릇 계속하니 그거 하나는 고맙다."

　그 말씀에 무장해제가 안 될 수 없었지요.

　중노릇이 불안할 때는 노스님 곁에 가서 살았습니다. 제게는 울타리이고 눈비를 가려주는 큰 나무이셨습니다.

　큰스님! 오래오래 건강하게 사세요.

2014. 10. 19.

뒷담화

가을이었습니다. 잘 익은 단감들이 도량 안팎에 별처럼 떠 있습니다. 사실 이런 날은 무엇을 해도 신이 날 법한 날입니다. 주지스님이 감 따는 울력을 하자고 공지하십니다. 육척장신인 당신이 먼저 감나무에 올라가 큰 키와 긴 팔을 이용해 휘휘 흔들어가며 감을 땁니다. 나도 호기 있게 사다리를 타고 감나무 위에 올라섭니다. (장난이 아니었습니다. 맹구가 감나무에서 떨어져서 그렇게 되었다던 얘기가 떠오릅니다……)

청도의 가을은 눈 시린 햇살과 가지마다 매달린 감들이 있어 그림을 완성합니다. 이 절은 주지스님이 좋다고 소문나 해제 철이면 수좌스님들이 몰려와 걸망을 풀어놓곤 산도 타고 정진 중 쉬어가기도 하면서 기력을 충전받습니다. 늦은 밤에도 주지스님은 손수 야참을 만들어 수좌들과 같이 어울리며 즐거운 시간을 보내기도 하였습니다.

어느 날 주지스님이 외출하고 안 계신 밤이었습니다. 한 스님이 주지스님 뒷담화를 하니 몇 사람이 거들고, 이내 분위기가 냉랭해졌습니다. 그때였습니다. 평소 별말씀 없으시던 구참스님이 한 말씀 하십니다.

"이 인정머리 없는 스님들아! 왜 잘한 일은 쏙 빼놓고 안 좋은 이야기들만 하느냐? 그것도 사람이 없는 자리에서……."

일순 조용해졌습니다. 문자 그대로 입바른 소리에 떫은 감 한 입씩 베어 문 얼굴들입니다. 다음 날 뒷담화를 전해 들은 주지스님. 허허 웃으시곤 예전처럼 여여하십니다. 뒷담화가 총 맞아 죽고 무시당해 사라져버렸습니다. 그래도 때 되면 다시 부활할 것입니다. 뒷담화!

2014. 11. 23.

공양

어른한테는 "진지 드세요", 비슷한 연배엔 "식사하셨나요?", 친한 아랫사람한테는 "밥은 먹고 다니냐?" 등 우리 삶에서 밥은 일상의 대화입니다. 밥은 일상생활의 칠팔십 프로를 차지하고 있다고 합니다.

절집에서는 밥 대신 공양供養이라는 말을 씁니다. 밥이라는 뜻을 넘어서, '받들어 기른다'는 뜻을 갖고 있습니다. 밥이라는 언어를 가장 아름답고 고귀하게 표현하고 있다고 생각합니다.

또 '육법공양'이라는 말이 있습니다. 등, 향, 차, 꽃, 과일, 쌀, 이 여섯 가지를 부처님께 올리는 것을 말합니다.

등은 어둠을 밝히는 지혜요, 향은 세상의 악취를 제거하는 것이고, 차는 정신과 몸을 정화하는 기능이 있습니다. 꽃은 자리이타이고, 과일은 수행의 결과입니다. 쌀은 우리의 목숨을 뜻합니다.

절에서 살면서 생각해봅니다. 참다운 삶이란 생명(밥)을 근본으로 하지만 여기에 문명적 가치가 더해졌을 때 이룩되는 것이 아닐까 하는 생각입니다. 절에서의 문명이란 수행 문화와 직결되겠지요.

돌아오는 토요일, 음력 시월 십오일 날 백일 관음기도를 입재합니다. 많이들 오셔서 점심 공양 같이했으면 좋겠네요.

2014. 12. 1.

닥터 지바고

〈닥터 지바고〉라는 영화를 보았습니다. 순백색 설경이 아름답고 음악이 너무 아름다웠습니다.

아름다움은 그것뿐이었습니다. 이념의 폭력은 광폭하였고 빛나고 순수한 사랑은 시베리아 세찬 칼바람에 하얗게 베여 나갔습니다. 울음소리도 목구멍에서 더는 나올 수 없었습니다.

주인공 닥터 지바고와 라라는 세 번의 만남과 헤어짐을 갖습니다. 마지막 시골집에서의 헤어짐, 라라의 뒷모습을 바라보는 지바고의 눈빛은 이별의 먹먹함을 아는 사람은 평생 잊지 못할 절절함이었습니다. 그 모멸과 아픔에도 두 사람은 헤어진 채 살아냅니다. 살아 있으면 언젠가는 만날 것이라는 희망으로 야멸찬 세월을 견뎌냈습니다. 마침내 지바고가 라라를 보고 쫓아가지만, 심장이 발작하고 그 큰 슬픈 눈은 여윈 뒷모습의 라라만 쫓을 뿐입니다. 이내 사람들이 모여들고 아름다운 음악이 흐릅니다.

'회자정리會者定離 다반사茶飯事'라는 말이 있습니다. 만나고 헤어짐이 마치 차 마시고 밥 먹는 것과 같다는 말입니다. 이치로 본다면 맞는 말입니다만, 아주 깊고 오래된 인연의 헤어짐, 그리고 그 절절한 아픔은 무엇으로 설명할 수 있을까요?

너무나 건강하시고 의욕적이시던 저의 사부님께서 수면 중에 심장마비로 입적하셨습니다.

그지없이 죄송하고 한없이 아쉽습니다.

2015. 1. 2.

성도

    내일모레 십이월 팔일은 부처님께서 이 땅에 오시어 불과를 이루신 날입니다.

    싯다르타는 육 년 고행으로 몸뚱아리가 해진 넝마와 같아졌습니다. 그 당시에 고행은 수행자들에게 유행처럼 퍼져 있었습니다. 그러나 고행으로써는 공부에 진전된 성취가 없었습니다. 쇠잔해진 몸을 이끌고 네란자라 강가에 이릅니다. 수자타라는 이름의 여인이 가죽과 뼈만 앙상한 싯다르타에게 유미죽을 건네줍니다. 몸을 회복한 싯다르타는 보리수 아래에 부드러운 풀잎을 깔고 다시 앉습니다. 이번이 마지막이라는 각오를 다지면서 말입니다.

    일주일째 되는 새벽이었습니다. 문득 샛별을 보다가 대각大覺을 이룹니다. 인류사에서 가장 숭고한 순간이 있었다면 바로 이 순간일 것입니다. 수행자 싯다르타가 마침내 위없는 깨침을 성취하여 부처님이 되시는 순간인 것입니다. 오백 생의 보살도를 닦고 또 닦은 그 인연으로 정각의 꽃을 피웠습니다.

종교에서 복을 구하는 것은 중요한 일 중 하나입니다만, 복에 치우쳐 성인의 가르침을 귓등으로 듣는다면 그 사람이 과연 불자라 하고 크리스천이라 할 수 있겠습니까. 종교를 너무 쉽게 바꾸는 우리나라 사람들입니다. 말씀에 의지하지 않고 복(물질, 명예) 달라고만 해대니, 욕심은 채워지지 않고 그것이 원망으로 바뀌는 것은 시간문제입니다. 복만을 비는 것을 부추기고 교묘히 이용하는 질 낮은 종교인도 문제는 문제입니다. 한 번쯤, 몸뚱아리 문제에서 벗어나 우리의 영혼에 대해서도 진지하게 고민하는 성도절이 되었으면 하는 바람입니다.

2015. 1. 25.

이판사판

불교가 우리 한반도에 들어온 지 천육백여 년 되었습니다. 고구려 소수림왕 때 들어와서 고려 때까지는 국교로서, 최고 권력자에서부터 기층 백성들까지 부처님의 가르침을 듣고 의지하며 살았습니다. 자연스럽게 불교 정신은 한반도의 정서가 되고 품성이 되었던 것입니다.

우리가 쓰는 말에도 절집의 언어가 일상적으로 섞여서 지금도 알게 모르게 사용되고 있습니다.

'이판사판'이라는 말은 우리가 흔히 쓰는 말인데, '이판'은 주로 교학승이나 선승 등 교리나 수행을 전문으로 공부하는 스님들을 뜻하고, '사판'은 사찰의 운영이나 행정 등을 맡은 스님들을 말합니다. '스님'이라는 말은 '스승님'의 약자임을 알아두는 것도 좋을 듯합니다.

'이理'라는 말은 이치나 진리 등을 말합니다. 자연의 섭리나 우리네 삶 속에서의 도리 등을 포함해서 말이지요. '이'는 우리 눈으로는 바로 볼 수가 없습니다. '이'는 '사事'를 통해서 더 자세히 이해되고 통용됩니다. 이 '이'를 따르는 것을 순리順理라 하고 거스르는 것을 역리易理라고 합니다. 옛글에도 '순천자順天者는 흥하고 역천자逆天者는 망한다'는 말씀이 있지요. 도를 닦는다거나 법을 구한다, 이치를 궁구한다는 말은 모두 '이'를 두고 하는 말이고, '이'를 구하는 스님들을 한데 묶어 '이판'이라고 합니다.

'사事'는 이렇게 궁구된 '이'를 현실의 우리 삶에 투영하여 보다 삶의 질을 향상케 하고 부처님 마음을 우리 모두의 가슴에 심는 모두의 행위들 전부를 말하는 것입니다. '이'는 '사'를 떠나서는 의미가 없고 '사' 역시 '이'를 떠나서는 바로 된 '사'를 수행할 수 없습니다. '이'와 '사'는 '불꽃'과 '밝음'의 관계라고 말할 수 있습니다.

'이'로써도 걸림이 없고 '사'로써도 걸림이 없는 것을 '이사무애理事無碍'라고 하여 수행자들에게는 이상향이기도 합니다. '이판'과 '사판'은 나뉘어진 듯 보이지만 사실은 한 몸이고 둘이 철저히 한 몸이 됐을 때 이 땅에 우담발화가 피어날 수 있는 시절이 도래할 것입니다. '이판'과 '사판'이 두루한 것을 공사판이라고 하나요?

1990년 봄에 속리산 법주사에서는 청동미륵대불 회향식이 있었습니다. 미륵부처님뿐만 아니라 전체적인 가람 정비까지 하여서 말 그대로 대작불사였습니다.

그 회향식 전날 부주지였던 우리 스님이 저녁에 부르셔서 들어갔는데 하시는 말씀이 "원상아, 너는 어떠냐?"라고 물으시더군요. 청동미륵대불 회향식 기념 만등불사까지 하여서 온 도량에 오색등이 환하게 불 밝히고 있고 많은 기도객들이 북적이는 것이 흡사 잔칫집 분위기였는데 말입니다.

"모든 분들이 저리 기뻐하고 미륵부처님도 저렇게 당당하고 거룩하신데 좋으시지 않은가요?"

스님께서 하시는 말씀은 정말 뜻밖이었습니다.

"원상아, 나는 너무 허탈하다. 이제 다시는 이런 불사는 안 하련다" 하시더군요. 꼬박 칠 년이라는 세월과 청춘을 송두리째 바쳐서 이루신 불사인데 말입니다. 성취 끝에 밀려온 허탈감과 무상함도 있으셨나 봅니다.

그 후로 연꽃마을에 투신하셔서 당신의 출가 의지이기도 했던 소외된 노인과 어려운 이들을 위하여 육중한 몸을 불사르셨습니다. 스님 가시고 유품을 정리하는데 당신 통장에 잔고는 제로였습니다. 무소유라는 말을 평생 입 밖에 내지 않으신 분이 진정 몸으로 정신으로 무소유셨습니다.

한날 스님께서 하신 말씀이 또렷합니다.

"원상아, 나는 오리지널 사판승이다."

사판의 완성은 이치의 제고에서부터 출발하고, 이판의 완성은 사판의 실천일 것입니다. 지도를 옳게 보고 그곳에 내 발로 다다라야만 진정한 여행인 것처럼 말입니다.

은사스님의 생전 모습을 그려보며, 또 사회복지법인 연꽃마을의 현실 앞에서 두 손을 꼭 쥐고 다짐합니다.

"이판사판이다!"

2015. 2. 7.

사십구재

엊그제는 우리 스님 사십구재 막재였습니다. 만남은 헤어짐을 기약하는 일이라고 만해 스님께서는 말씀하셨던가요? 우리 스님이 평소 건강하셔서 이렇게 일찍 헤어질 줄은 꿈에도 생각 못 했습니다. 작년 늦가을 생신에 제가 스님과 사제의 연을 맺은 후 처음으로 스님 옷을 맞춰드렸는데 그 옷이 당신 입관하는 날 당일 몇 시간 전에 도착하였습니다. 살아서는 입지 못하고 죽어서 그 옷 입으시고 그 위에 장삼을 입혀드렸습니다. '허허!' 하시며 신도들한테 은근 자랑하셨다던데…….

부처님께서는 윤회 설법을 하셨습니다. 넓게 분류하자면 여섯 세계가 있습니다. 아래로부터 지옥, 아귀, 축생, 아수라, 인간, 천상입니다. 자신 생전의 업력에 따라 인간들은 이 여섯 세계에 스스로 찾아갑니다. 인간들은 선인선과요, 악인악

과라고 지옥에 태어나기도 하고 천상에 태어나기도 합니다. 중생에게 있어서 태어남은 업력의 인이요, 불보살의 태어남은 원력의 인연이라 합니다. 사찰에서 재를 지낸다 함은 천도의 의미가 있습니다. 탐진치 삼독에 깊게 물든 중생은 밝은 길을 찾아가기보다는 자신의 업력에 따라 자석처럼 끌려갑니다. 사후 사십구재를 지내는 것은 불보살님의 원력과 위신력으로 보다 밝은 길로 나아가게 인도하기 위해서입니다.

생生이란 한 조각 구름이 일어난 것이요, 사死란 한 조각 구름이 사라진 것이라 합니다. 죽음에 대한 생각이 선명해지면 삶에 대한 생각도 분명해집니다.

2015. 2. 14.

효

우리나라를 비롯해 동아시아에서의 불교와 유교는 하나의 이념이고 정서이기도 합니다. 돌아오는 우란분절盂蘭盆節(백중百中)일을 맞이하여 효와 조상숭배에 대해 말해보려 합니다.

먼저 유교입니다. 효의 근본은 부모가 '언제나 계시도록 하는 것'이라 할 수 있습니다. 살아 계실 때 편안하게 모시고, 나를 부모의 연장이라 여기고 몸을 훼손하지 않으며, 또 부모의 존재가 이어지도록 자식을 낳아드리는 겁니다. 부모가 돌아가시면 제사를 통해 부모가 내 속에 살아 계시도록 해야 하고, 부모가 남긴 유업을 받들며 사회적으로 나를 통해 부모의 이름이 빛나도록 하는 것이 효입니다.

효와 조상숭배를 통해, 돌아가신 부모와 살아남은 자식과의 유대가 지속되는 법입니다.

불교에서의 효 사상은 무엇일까요? 부처님께서 제자들과 행각을 하실 때, 알 수 없는 사람의 백골을 보시고는 큰절을 하십니다. 왜 절을 하셨냐는 제자의 질문에 "다겁 생에 내 부모 아닌 이가 없고, 또 나의 자식 아닌 이가 없는데 어찌 모르는 척하고 지낼 수 있겠느냐?"라며 연기법에 입각한 효의 가르침을 내려주십니다.

아버지와 할아버지가 안 계시면 내가 있을 수 없고, 또 내가 없으면 아버지와 할아버지도 있을 수 없게 됩니다. 일방적으로 향해 있는 것이 아니고, 서로 영향을 주고받는 쌍방향 관계인 것입니다. 과거 · 현재 · 미래가 각기 존재하지 않고 서로 영향을 주고받습니다.

불교에서 제사는 천도薦度의 의미가 큽니다. 돌아가신 분을 기념하기도 하지만 더 좋은 곳으로, 더 좋은 세상으로 불보살님의 위신력과 수행자들의 원력으로 모셔드리고자 하는 뜻이 천도 의식에 담겨 있습니다.

효와 조상숭배의 정신은 서로가 서로를 위해주고 존중해주는 위대한 철학이며 종교이고, 아름다운 우리네의 미풍양속입니다.

2015. 7. 2.

관세음보살

선재동자가 구법행각의 만행을 하면서 쉰세 명의 선지식들에게 법을 묻고 구합니다.

스물여덟 번째의 선지식은 관세음보살님이었습니다.

선재가 관세음보살에게 묻습니다.

"이제 제 인생을 새롭게 한번 살아보려고 합니다. 중생의 삶은 버리고, 보살로서 새롭게 태어나서 새로운 삶을 살아보려고 합니다. 어떻게 하는 것이 보살로서 새로운 삶을 사는 것입니까? 그렇게 하려면 도대체 제가 공부해야 하는 것은 무엇입니까?"

관세음보살이 답을 합니다.

"자네는 이미 많은 선지식들로부터 가르침을 받아왔네. 사실 내가 자네에게 해줄 이야기는 별로 없네. 나는 평생 자비를 실천하는 일에만 관심이 있거든. 그 외에 내가 아는 것은 없어. 다른 것은 정취보살에게 가서 여쭈어보게나."

관세음보살님은 우리의 자비 스승이며, 중생들의 구제자이십니다.

2015. 8. 25.

깃발

어느 법회 날이었습니다. 당간지주에 내걸린 깃발이 펄럭입니다. 한 스님이 그것을 보고 무심코 "깃발이 잘도 펄럭이는군" 하고 말하였습니다. 그러자 옆에 있던 스님이 말합니다. "깃발이 펄럭이는 것이 아니고 바람이 부는 것입니다."

이에 말이 오고 가고 옥신각신하며, 끝내는 대중 사이 편이 갈라져 서로의 의견에 살을 붙여가며 논쟁이 불붙습니다. 이를 바라보던 늙수그레한 거사님 한 분이 말씀하십니다.

"깃발이 펄럭이는 것도, 바람이 부는 것도 아닙니다. 스님들의 마음이 움직인 것입니다."

이 한마디에 대중들의 소란이 조용해졌습니다. 말로만 듣던 심지법문心地法門을 접하니 소름이 돋을 지경입니다.

훗날 눈 밝은 스승이 있어 이 이야기에 한 말씀 평을 달았습니다. "깃발이 움직이는 것도 바람이 움직이는 것도 아닙니다. 또한 마음이 움직이는 것도 아닙니다."

당황스러우신가요? 여기에서 마음마저 부정한 것은 마음
이라는 생각에 집착할까 봐 근심에서 나온 말씀에 다름 아닙
니다. 열반적정涅槃寂靜의 경지는 생각에 생각마저 비워놓고,
있는 그대로를 볼 줄 아는 경계가 아닐까 생각합니다.

2015. 9. 6.

반야

'반야'라는 말은 '지혜'라는 뜻입니다.

불교를 일러 보통 '깨달음의 종교'라고 합니다. 석가모니께서도 궁극의 도리를 깨우쳐 불과를 이루었듯이, 보통의 우리 중생도 보살도의 수행을 통해 기연이 닿으면 부처를 이룰 수 있다고 합니다.

그 길은 멀고 험해 보이기도 하지만, 가만히 생각해보면 내 안에 주어져 있는 것이지, 지구 밖 어디에 존재하는 것은 아닙니다. 다만 밝은 달이 구름에 가려 보이지 않는 것처럼, 나의 불성이 어리석음에 가려 흐릿할 뿐입니다.

저는 지혜를 통찰이라는 말로 이해합니다. 한여름철 매미는 봄·여름·가을·겨울 사계절을 이해하지 못합니다. 여름에 갇혀 있기 때문이겠지요. 매미가 여름에 갇혀 있는 것처럼 우리는 '나'라는 상에 족쇄 채워져 있습니다. 이것을 깨는 것이 '반야'입니다. 그래서 옛사람들은 이 반야를 심검心劍(마음의 겁)이라 부르기도 하였습니다.

육적六賊(여섯 도둑)을 돌이키면 육바라밀이 된다 하지요. 이 것을 가능케 하는 것이 반야입니다.

칼은 어찌 쓰느냐에 따라 쓰임새가 아주 다릅니다. 지혜는 모든 것을 이롭게 하는 덕이 있습니다.

『팔만대장경』을 줄이고 줄이면 『반야심경』이 남는다 하지요. 그 반야심경도 또다시 줄이면 '마음 심心' 자 하나라지요. 물들지 않은 마음 안으로 들어갈 수 있는 최고의 도구는 반야 입니다.

천년의 어둠에 불을 밝힙니다. 반야입니다.

2015. 10. 15.

귀의

비바람이 제법 세찹니다.

큰 목탁으로 도량석을 합니다. 꿈속에서 노니는 대중을 목탁 소리와 염불로 흔들어 깨웁니다.

새벽 쇳송을 합니다. 원하옵건대 이 종소리 법계에 가득하여 무명 속의 모든 중생 밝은 세상 맞이하게 하소서.
아미타 부처님께 귀의하고 귀의하며 이 세상 마칠 때까지 귀의합니다. 나무아미타불…….

법계에 가득한 부처님과 법보와 승보께 귀의하며 제불보살과 아라한 많은 호법선신님들께 예를 올립니다.
목탁 소리가 종소리로, 종소리가 목탁 소리로 이어지며 중생의 회한 없는 소구 소망 쏟아냅니다.

가사, 장삼을 개어 걸어놓고 선방 문을 나옵니다. 이 비바람에도 흐릿한 여명 속에 새소리 가득합니다.

어제는 세 분 부처님과 두 분 보살님을 법당에 모셨습니다. 장대한 불보살님을 모시는 것은 힘도 들었거니와 감동이기도 하였습니다. 애들 많이 쓰셨습니다.

노스님 얼굴이 부처님 얼굴처럼 환하게 빛이 나기도 하였습니다.

2016. 5. 3.

수호신

거기는 비가 온다지요.

여기는 바람은 없고 습도가 높아 후텁지근합니다. 부처님 점안식과 초파일을 앞두고 이래저래 누적된 피로를 한 시간 반짜리 낮잠으로 제법 덜어냈습니다. 꿀 같은 잠은 보약과도 같습니다.

다섯 불보살님께서는 지금 금박 옷으로 갈아입고 계십니다. 보통으로는 개금改金이라 하지요.

우리들의 소망과 염원이 부처님으로 나투시고, 그 부처님께서 우리들의 눈물을 닦아주시고 한없는 넋두리를 들어주시며, 지극한 기도에 감응하여 저마다의 소원을 들어주실 겁니다.

업장 중생은 나도 모르게 그 업들이 드러나고, 그 업이 부메랑처럼 내게 돌아와 상처를 줍니다.

노는 입에 염불하고, 앉으나 서나 화두 챙기라는 말씀은 최고의 지성이 일갈하는 진리송이라고 생각합니다.

작은 나의 염불 소리 멀리 가지 아니하고 부메랑처럼 돌아와 내 가슴 속에서 관세음보살님으로 눈을 뜨시고 지장보살님께서는 수호신이 되어주십니다.

불보살님과 하나 될 때까지 기도하고 기도합니다.

나무관세음보살 나무지장보살 나무미륵존불…….

2016. 5. 6.

무지개

작은 새들의 아우성과 나의 염력으로 하늘에 깊게 드리워진 먹구름이 점차 서산 뒤편으로 사라져갑니다.
신선한 새벽의 여유는 질 높은 만족감입니다.

어제는 오존불에 개금을 마치고 커다란 고깔에 붉은색으로 옴 자를 그리어 각 부처님께 씌워드렸습니다.

웅성거리는 소리에 마당으로 나가보니 큰 법당 하늘 위에 오색 무지개가 떠 있습니다. 큰스님의 원력과 사부대중의 염원이 하늘을 감응케 한 것입니다.

원력은 가피로 그 모습을 드러내 보입니다.

점안은 이미 하늘에서 오색 무지개로 점안한 것이 아닌가 생각됩니다.

  작은 새들의 합창과 나의 염력이 합하여 검은 구름을 밀어
내고 영롱한 오색 무지개를 만들었습니다.

2016. 5. 9.

노보살님

미륵 부처님 앞에 섰습니다.

하얀 머리 위에 풍상이 그득해도
불편한 손 지심으로 합장합니다.

굽은 허리 더 둥글게 모아
지성으로 배례 배례 합장 배례!

등 굽은 할머니가 영화를 누리자는 뜻은 아닌 듯합니다.

2016. 5. 16.

목탁 소리

도량석을 합니다. 목탁 소리는 앞산 절벽에 부딪히고 도량 가득하다 이내 자취 없이 사라집니다.

새벽 쇳송을 합니다. 법당이라는 공간에 염불 소리 채우는 대로 사라집니다.

너무나 당연하여 미처 살피지 못하는 것들이 진실로 소중합니다.

청계의 물소리 여전하고 풀벌레들은 화음으로 소리를 놓습니다.

달빛은 길을 내고 길손은 그 길을 밟습니다.

2016. 8. 23.

전생

혹시, 살면서 전생을 보신 적 있나요?

이천년도 동안거를 해인사에서 보낼 적이었습니다. 아마도 이맘때쯤 김장을 하는데 그 양이 하도 많으니 해인사 스님들이 총출동했어도 삼일은 꼬박 하였습니다. 학인스님들이나 선원 하판스님들은 배추를 나르고 쌓기를 추운 날씨에도 반질한 머리에 김이 모락모락 나도록 합니다.

나는 배추 겉 잎사귀는 떼어내고 속이 꽉 찬 배추를 썩 반 자르고, 가운데 배추 머리에 세모로 칼집을 내줍니다. 처음에는 옆의 잘하는 스님들을 보고 따라 하다 이내 경지에 올랐습니다. 나의 숨은 재능을 발견했나 싶다가 문득 이것이 전생에 내가 하던 일이 아닐까 하는 생각이 들었습니다. 찰나였지만 전생에 배추 하던 모습을 아주 잠깐 보았습니다.

즐거운 배추 자르기에 심취해 있는데 후배 스님 하나가 "스님!" 하면서 그만 쉬시라고 하며 나의 '취모검'을 앗아갑니다. 하나도 고맙지 않았습니다.

대중 울력 중 김장이 미소 짓게 하는 이유입니다.

이달 21~22일 대흥사에서 김장 울력이 있습니다.

이번에도 전생 체험 있을는지 자못 궁금해집니다.

하기야 금생이 전생 없이는 될 수 없는 법이지요. 지금 일이 전생 일이고, 또 지금 일이 갈 데 없이 내생의 일 아니겠습니까?

2016. 11. 18.

무소유의 참뜻 – 삼불봉

어느 해이던가요?

동안거를 해인사 선방에서 나고 만행을 시작하였습니다. 계룡산 입구에 들어서는데 아직 계곡의 한기는 겨울을 벗어나지 못하고 있었습니다. 갑사에 들어서니 저녁 예불 시간이 다 되었더군요. 예불에 참석하고 원주스님을 찾아 신원 증명을 하고 객실에 들었습니다.

다음 날, 아침 공양을 하고 산에 오르기 시작하였습니다. 얼마 안 가서 묵 파는 아주머니가 빨간 고무 대야를 앞에 두고 앉았습니다.

"스님, 묵 한 점 하고 가세요."

"아니요, 됐습니다."

"스님! 스님이 한 점 잡숫고 가셔야 오늘 장사가 잘 될 것 같습니다."

그냥 지나가는 말이 아니었습니다. 결국 양념간장에 묵을 찍어 먹는데 막걸리 한 잔을 내주십니다.

"스님! 이것은 곡차라 괜찮습니다."

기왕 벌어진 일이었습니다.

이러구러 정상에 오르니, 산 정상은 나뭇가지마다 눈이 녹아 얼음이 되어 크리스털 모양으로 열려 있었습니다. 산 정상 전체가 신세계이고 환희였습니다. 나도 모르게 "어디 삼불이라 하는데 부처 한번 봅시다" 하면서 큰 소리로 호기를 부립니다. 그런데, 옆에 있던 젊은 남자 하나가 내게 그러더군요.

"스님, 불교는 무소유라고 하는데 스님이 입고 있는 누비를 내게 벗어 줄 수 없으신가요?"

말은, 말 이전에 느낌이라는 것이 있습니다. 우호적이지는 않았다는 말입니다.

"무소유라고 하시는데 무소유가 무엇이라고 생각하십니까" 하더니, "갖지 않는 것 아닙니까?" 하는 것이었습니다.

그래서 제가 한마디 했습니다.

"불교의 모토는 자유입니다. 해탈이나 열반이라는 말도 결국 자유에 대한 이야기입니다. 자유를 구속하는 것은 집착입니다. 무소유라는 말은 집착하지 않는다는 말과 상통합니다. 가졌다고 으스대고, 없다고 불평하면 무소유가 아니겠지요. 추울 때 옷을 입는 것은 본능이고 진리에 가깝습니다."

옆에 있던 사람이 일행인지 "자네가 잘못 말했네, 사과하시게" 하니, 머리를 긁적거리며 "미안합니다" 하더군요.

"스님! 서신이라도 왕래했으면 하는데 주소 좀 알 수 있을까요?"

선방 수좌들은 이럴 때 제일 난감합니다. 걸망 하나 메고 조선 팔도를 한집으로 생각하니 한곳에 머물지 않기 때문입니다. 그렇게 양해를 구하고 헤어지는데, 이분들은 천주교 수사님들이더군요. 십여 명이 휴가를 나오셨다 합니다.

올 때 한 물건도 가져온 바 없고, 갈 때도 또한 한 물건도 가져갈 수 없습니다. 이치가 그렇습니다.

2019. 4. 15.

여인

"스님! 그 이야기 좀 해주세요."

"무슨 이야기?"

"스님 홍콩에서 홍법원장 하실 때, 어떤 아가씨가 스님을 죽기 살기로 쫓아다녔다면서요?"

"너 누구한테 들었나?"

"예? 아! 누구한테 들었지요."

팔십년 대 말에 우리 스님이 무슨 일로 해서 서울 성모병원에 입원하셨고, 내가 시자로 열이틀을 간병했습니다. 말이 간병이지 사실은 잠이 많은 나를 스님께서 케어했음이 사실에 가까울 것입니다. 시간만 너무 많은 두 남자의 이야기입니다.

"별거 아니다."

"그래도 이야기 좀 해주세요."

스님께서 "허허!" 하시면서 말씀을 하십니다.

"언제부터인가, 한 아가씨가 우리 홍법원에 다니기 시작했는데 자꾸 나를 멀리서 바라보고 가고 또 그러고 하더라. 가끔 눈이라도 마주치면 놀라서 도망치듯 가고 말이야. 나는 뭐 그런가 보다 했지. 몇 달을 그렇게 했지, 아마! 같이 대화한 기억도 없어.

그런데 어느 날 어떤 거사님 한 분이 오셨는데, 그 아가씨 아버님인 거야. 그분 말씀이 '그 아이가 하나뿐인 딸아이인데 스님을 너무도 사모해서 병이 났습니다. 불법이 자비라 하는데 중생구제 하는 셈 치고 제 딸아이를 거두어주시면 어떻겠습니까?' 하고 간청을 하시는 거야. 그러시면서, '제가 회사를 운영하는데 홍콩에서 다섯 손가락 안에 드는 회사입니다. 제 회사를 드릴 수도 있습니다.'"

잠시 숨을 고르고 스님이 다시 말씀을 이어갑니다.

"그러니까 엄청난 부자라는 거지. 그래서 내가 말했지. '저는 출가인입니다. 세속의 인연을 모두 끊고 불법문중에 들어온 사람입니다. 따님이 지금은 힘들고 어려우시겠지만 사람은 또 금방 잊습니다' 그랬어. 그러고도 몇 번의 만남이 있었는데 별다른 일은 없었어."

"스님, 대단하시네요. 재벌 회장의 외동딸인데 말이지요.

스님, 멋지십니다."

스님께서 씩 웃으면서 한 말씀 더 하십니다.

"야! 그런데 얼굴이 너무 아닌 거야!"

완전 대반전이었습니다. 나는 아직도 그 말씀하실 때의 미소를 기억합니다.

우리 스님! 삼십 대 때의 에피소드였습니다.

스님! 지금은 어디 계신가요? 사진 속에서 웃고만 계시는 스님! 스님께서는 저의 그늘이시고 수호신입니다. 우리 연꽃 마을의 수호신이십니다. 지금, 조금은 힘이 들지만 스님이 지켜주실 거라고 저는 믿습니다.

스님! 제 말이 맞지요?

2019. 5. 7.

화두

아무것도 모르고 덥석 받았습니다.

일천구백팔십구 년 말 법주사 강원을 졸업하면서 동기생 몇 분은 선방에 간다고 합니다. 왠지, 나도 가야만 할 것 같아 월산 큰스님이 조실로 계신 불국사로 찾아갔습니다. 조실스님께 큰절 세 번 넙죽 하고서는 "큰스님, 저 이번에 강원 졸업합니다. 그래서 선방에 가려하는데 저 화두 좀 주셔요" 하였습니다.

조실스님께서 저를 가만히 보시더니, "그래, 자네가 부처님 경전을 사 년을 보았는데 무엇이 가장 궁금하더냐?" 하고 물으십니다.

가만 생각해보는데 특별히 궁금하거나 답답한 것도 떠오르지 않습니다. 아마도 공부를 열심히 하지 않은 까닭일 것입니다.

"궁금한 것, 잘 모르겠습니다."

조실스님께서 또 가만히 지켜보시더니 "그러면 이뭣꼬 해라. 이-뭣꼬?"

밑도 끝도 없이 '이뭣꼬'였습니다.

그해 동안거를 승보종찰 송광사에서 보냈는데 짐작도 할 수 없는 '이뭣꼬' 하나로 한철 내 가슴팍에 무거운 돌절구 하나 올려놓은 답답함으로 지냈습니다. 그 다음 철도, 그 다음 철도 말입니다.

그런데 한 스무 해쯤 지나서였을까요? 조실스님께서 참으로 나에게는 자비로우셨구나 하는 생각이 스치더군요. 화두의 생명은 간절함인데 사람을 그렇게 답답하게 만들어놨으니, 나중에는 숨도 쉬기 힘들 정도였는데 다행히 미치거나 죽지는 않았습니다. 화두 공부하는 사람은 용감해야 합니다. 죽기 아니면 까무러치기 식으로 용맹정진해야 합니다.

젊은 날 확신 같은 것 하나가 생겼는데, 글자 안에서는 내 인생의 문제를 해결할 수 없다는 생각이었습니다. 선원에 사는 것이 자연스러운 이유였습니다. 그렇다고 책 보는 것을 싫어하지도 않습니다. 철학이나 종교가 뼈라고 한다면 문학과 예술은 살과 같아서, 같이 조화를 이루면 뛰어가서 한 번 더 보고 싶은 그 무엇이라고 생각하기 때문입니다.

누군가 지금 나에게 "스님! 화두 잘 되십니까?" 하고 묻는다면 이렇게 답하겠습니다. "열심히는 합니다"라고 말이지요.

지금 나의 화두는 '사회복지법인 연꽃마을'입니다. 대한민국 오대 법인 중 하나인 연꽃마을, 조금 겸손을 떨어서 대한민국 5퍼센트 이내에 드는 우수하고 최고의 시설을 가진 청량한 연꽃마을. 한국불교의 자존심인 부처님 마을입니다.

엊그제는 익산의 돌 공장에 사제스님들하고 다녀왔습니다. 우리 스님 부도탑을 조성하는데 60퍼센트 공정이 진행되었답니다. 생전의 스님처럼 둥글고 당당한 탑이 될 것입니다.

연꽃마을 사옥은 총 건평 이백열 평으로 설계하였습니다. 실력 있는 설계사 두 분과 우리 직원들이 머리를 맞대고 생각합니다. 유월 말쯤 설계 마치고 칠월에는 첫 삽을 뜰 수 있을 것 같습니다. 이 글을 보시는 분들에게 부탁 하나 드립니다.

비구 원상의 화두 여일하게 도와주십시오. 제가 살아보니 중노릇도 누군가의 협조가 필요합니다. 연꽃마을은 님들의 마지막 의지처이기도 할 것입니다.

2019. 6. 10.

중생을 다 건지오리다

    가까운 지인이 있는데 지금은 도의원을 하고 있습니다. 도의원 전에는 시민운동을 하였고 늘 약자의 인권과 자유에 관심이 많은 분입니다. 정치인들의 부정적인 부분이 지인에게는 보이지 않고 겸손하기까지 하여 가끔 소식을 나누고 있습니다. 그 지인이 어디를 가도 자신은 불자라고 자신 있게 말하고 다닌다 하기에 속으로 조금은 걱정이 되기도 합니다. 정치하는 사람들은 표가 부처님인데 다른 종교를 가진 사람이 싫어할까, 하는 생각 때문입니다.

    하루는 둘이서 일상 이야기를 하다가 자신이 불교 신자가 된 동기를 말하는 것이었습니다. 대학 시절 운동권 학생이었는데 어느 날 불교 서적을 보다가 사홍서원의 하나인 '중생무변 서원도衆生無邊誓願度(중생을 다 건지오리다)'라는 글귀를 보고서는 '야! 불교는 스케일이 다르구나' 하는 생각이 들더랍니다. 자신과 자신의 동지들은 민주주의니 사회적 약자라고 하는 부분에 대해 고민하면서도 또 때로는 회의가 강하게 밀려오기도 하는데 '중생을 다 건지오리다'라는 글귀는 큰절의 범종 소리처럼 들리더랍니다.

서원에는 총원과 별원 두 가지가 있습니다.

총원總願은 불교의 궁극적인 목표이며 그것은 사홍서원, 즉 '중생무변 서원도, 번뇌무진 서원단(번뇌를 다 끊으오리다), 법문무량 서원학(법문을 다 배우오리다), 불도무상 서원성(위없는 불도를 모두 이루오리다)'으로, 불교를 정의하고 불자들이 나아갈 길을 제시하기도 하는 중요한 불교적 정체성이기도 합니다.

별원은 기도에 따라 또 자신이 희구하는 것에 따라 각자가 세우는 개별적 서원입니다. 말하자면 '원아영리 삼악도(삼악도에서는 영원히 멀어지기를 바랍니다), 원아속단 탐진치(탐진치 삼독을 속히 끊기를 원하옵니다)' 등입니다.

불교에서 다른 종교와는 확연히 다른 점이 있는데 그중 하나는 '중생주의'라는 것입니다.

휴머니즘(인본주의)은 사람만을 본위로 하는데, 중생이라는 개념은 생명 있는 것이나 또 그렇지 않은 것까지 모두 포함됩니다. 길가의 풀 한 포기, 돌멩이 하나도 포기할 수 없는 소중한 존재로 보는 것이지요. 강도 생명이요, 실개천도 생명이요, 바다도 생명입니다. 산도 바위도 돌멩이도 티끌 하나도 영원한 생명의 바다의 중생입니다.

신과 피조물, 인간과 그에 따른 부속물로 바라보는 이분법적 사고는 분별과 횡포, 차별과 전횡이라는 부조리한 모순을 가져왔습니다. 인간들의 끝없는 욕망과 사치로 지구는 파괴되어가고, 당장에 지구온난화로 인하여 지구의 수명마저 줄어들고 있는데, 미국의 정치 경제의 주류들은 기후변화라는 단어의 말장난으로 환경의 위기를 기우로 포장하고 있습니다.

며칠 전에 스님들과 어디를 다녀오면서 보니, 고속도로를 그렇게 달려도 우리나라는 모두 숲이었습니다. 내가 웃으면서 했던 말이 "이게 말이 돼? 이렇게 숲이 우거졌는데 미세먼지로 꽉 차 있다는 것이 말이 되냐고요?"였습니다.

그러면 중생과 부처는 어떤 차이가 있습니까? 한 생각 미迷하면 부처도 중생이요, 한 생각 돌이키면 중생이 부처입니다. 그래서 옛날 성인께서 이르시기를 부처와 중생의 마음이 차별이 없다고 하셨습니다. 다만 스스로 만들어 낸 허구의 상에 집착하여 자신과 타인을 집착하고 구속하고 있을 뿐이라는 것입니다. 우리는 어느 새인가 공존하는 법을 잃어버린 것은 아닐까 하는 생각이 문득문득 듭니다.

뉴스 보기가 힘들어지고 있습니다. 사회 면은 흉측한 이야기로 도배되고, 정치는 정치대로 상대가 듣든지 말든지 이야기만 지껄이는 작태를 벌이고 있습니다. 개도 짖을 때는 이유가 있는 것인데 참으로 공해거리입니다.

'중생을 다 건진다'는 말은 참으로 어려운 말입니다. 나와 가장 가까운 중생에게 따뜻한 말 먼저 해봅시다. 작은 행위도 업業입니다. 행위가 습관이 되고, 그 습관이 자신의 운명을 결정합니다.

'중생무변 서원도.' 모든 중생은 나의 투쟁의 대상이 아니라 진정한 도반이고 스승이며 내 사랑이라는 자각이 이 세상을 아름답고 따뜻한 세상으로 만들 것입니다.

2019. 6. 11.

동암東庵

동안거冬安居 방부房付 전화를 각화사覺華寺 주지스님께 드렸습니다.

"원상입니다, 사형님!"

"아! 원상 스님."

"스님! 이번 동안거는 각화사에서 나고 싶은데 어떠신지요?"

"아, 좋지요. 겨울에 같이 삽시다."

"그러면 결제 며칠 전에 들어가겠습니다."

용상방龍象榜은 결제 전날 저녁 예불 끝에 짜게 되는데, 그때서야 동암東庵에 살게 되었음을 알았습니다. 동암은 태백산 자락 팔백 고지쯤에 있는데 전망은 일망무제一望無際하여 가슴이 시원하고, 좌향은 남향이라 햇살이 양명하고 따뜻한 곳입니다. 아침 공양 마치고 암자 뒷길로 능선에 오르면 얼음꽃

상고대가 펼쳐지고, 이곳에서 바라본 태백산 천제단은 작은 성냥갑보다 더 작게 아스라이 보입니다. 되돌아 내려오는 시간이면 그새 햇살이 올라 밤새 피운 얼음꽃을 눈물 같은 방울로 거두어 갑니다.

큰절은 정진 시간을 16시간 짜고 우리 동암은 12시간 짰습니다. 정진 시간에 따라 취침 시간이 정해지는데 16시간 짜면 두 시간 자게 되고, 12시간 정진하게 되면 네 시간 잠을 자게 됩니다. 시간은 그리 정해두어도 더 독하게 하는 '정진파'들이 더러 있기 마련입니다. 시간이 갈수록 눈망울은 또렷해지고 목소리에는 굵은 마디가 생깁니다.

나는 이 철 소임에서 화대를 자원하였는데 잘한 일은 아니었습니다. 화대는 나무하고 하루 두 번, 저녁나절과 새벽에 아궁이에 불을 때는데, 그 아궁이는 댓돌에서부터 깊고 좁아 불을 땔 때는 자세가 보통 옹색한 것이 아닙니다. 또 집이 어떻게 돼먹은 것인지 방바닥은 뜨거운데 실내 온도는 항상 코가 시리고 새벽에는 16도까지 떨어지니, 나는 더러 조는 것도 아니고 깬 것도 아닌 가사 상태가 되기도 합니다. 방 안에 바람막이로 쳐놓은 두꺼운 비닐은 별무소용이기만 합니다.

그래도 사람은 다 살게 마련인 모양인지, 다섯 명이 전체

대중인데 그중 막내스님이 아주 절을 열심히 하였습니다. 몇 년 전에 우연히 만났는데 내가 아직도 절을 열심히 하냐고 물으니 여전하다 합니다. 오십 분 정진하고 십 분 쉬는데, 그 시간에 산신각을 가든 지대방을 가든 어디서든 백팔배를 하게 됩니다. 스피드 있는 절로 체온을 올려놔야지 또 한 시간을 버티기 때문입니다. 그래서 그런지 가끔 그런 이야기를 합니다. 가장 짧은 시간에 행복해질 수 있는 것은 백팔배라구요. 믿기 힘드시면 지금 해보셔도 좋습니다.

사람은 몸과 정신을 반반 정도 쓰면 이상적인데 너무 한쪽으로 기울면 이로운 게 없습니다. 마음에 병이 나는 것은 몸을 너무 안 쓰기 때문입니다. 또 몸에 병이 날 때는 반대로 정신이 흐트러져 있기가 십상입니다. 몸과 마음이 둘이 아니기도 하거니와, 그래서 무게도 다르지 않습니다.

반찬은 막내스님이 열흘에 한 번씩 큰 절에서 공수해 오는데 얼핏 봐도 냉장고에 오래 남아 있던 것을 가져오는 듯합니다. 주전부리할 것이 없으니 밥때는 정말 휴식이며 행복한 시간입니다. 어느 때는 눈을 감고 음식이 주는 충만한 행복을 느낍니다. 밥때가 기다려지는 이 행복감은 가난한 자에게 주는 위로의 선물입니다. 고대광실 산해진미는 이런 것 분명 힘들 것입니다.

어느 날 욕심껏 나무 한 짐 해오다 길 비탈에서 미끄러져 지게와 같이 넘어졌습니다. 그래도 다시 대충 나무를 싣고 돌아왔는데 한 스님이 내 말을 듣고서는 "스님! 그래도 그만하기 다행입니다"라며 위로를 하는데 그도 그럴 것 같았습니다. 그런데 아프기는 그 다음 날부터 허리가 아프기 시작했습니다. 수좌가 아파서는 안 될 곳이 허리인데 걱정이 되더군요.

이것이 하루가 갈수록 풀리는 것이 아니라 더욱인 것이, 정진을 마치고 나면 내 몸은 15도 이상 틀어져 있습니다. 정진 대중이 정진을 빠지게 되면 몸 아픈 것보다 마음이 더욱 불편합니다. 대체로 마음 편한 인생은 아니었으나 이때처럼 불편했을 때도 또 없는 것 같았습니다.

나는 동암에서의 안거를 성만하지 못했습니다. 그 시절 나는 많이 힘들었을 것입니다. 지금은 포항의 큰절 주지 겸 선원장을 하시는 사형님에게 물었습니다.

"스님! 그때 왜 저를 동암에 올려 보내셨어요?"

"동암東庵은 근세 고승들이 다 한 번은 거쳐갔던 도량이었습니다."

"그래, 그랬지요."

제게는 항상 고마운 사형님입니다. 한 번씩 뽕잎차며 다기
며 죽염에 경옥고까지 당신이 만드시는 것은 잊지 않고 보내
주십니다.

어떤 반 철은 성만한 것보다 잊지 못하는 철도 있습니다.
동암은 제가 나온 몇 년 뒤에 새로 지어서 땔나무는 안 해
도 된답니다.

2019. 8. 9.

각현 스님 연꽃탑 조성을 앞두고

지금으로부터 삼십 년 전 덕산당 각현 스님께서는 '효의 사회화'라는 기치 아래 "마을마다 연꽃마을, 마음마다 연꽃마음"이라는 구호로 전국을 누비면서 사회복지법인 연꽃마을의 기틀을 만드시고, 불모지나 다름없던 불교계에도 복지의 새 바람을 넣으셨습니다. 시설 하나하나에 정성을 불어넣어 세운 연꽃재단의 굴지의 시설이 전국에 칠십여 개요, 직원의 숫자는 이천여 명이 넘었습니다.

정부에서 일 년에 한 번씩 하는 평가에서는 항상 상위 5퍼센트 안에 드는 우수기관으로 선정되어 그 투명성이나 우수 프로그램으로 주목받고 있습니다.

큰스님 입적하신 지 벌써 오 년이 다 되었습니다. 황졸지간에 접한 큰스님의 입적은 우리 모두에게 잊을 수 없는 슬픔과 상처를 남겼습니다. 큰스님 가신 그 자리의 빈 공백과 허전함은 무엇으로도 채울 수 없습니다. 그만큼 큰스님의 법체와 법량이 무척이나 컸던 것입니다.

큰스님은 사상가이면서 행동가이셨습니다. 당신 사상의 투영이 사회복지법인 연꽃마을이었던 것입니다. 판단이 서면 주저하지 않으셨습니다. 시간을 귀하게 쓰셨습니다. 그것도 약하고 어려우신 노인들과 결핍 아이들, 장애우들을 위해서는 당신의 목숨도 아까워하지 않으셨던 것입니다.

우리 연꽃마을은 당신의 사상과 행동력을 잊지 않을 것입니다. 아니 그럴 수 없습니다. 연꽃마을 구성원 모두는 당신이 길러낸 자식들이기에 그렇습니다.

큰스님의 사상과 업적을 잊지 않고 우리가 나아갈 길을 한시라도 잊지 않기 위해 연꽃탑을 조성합니다. 우리나라 제일의 석공을 모셨고 큰스님 사상과 걸맞은 탑을 도안하였습니다.

큰스님께서 보시면 허허 하시면서 손사래 치시겠지만 어쩔 수 없습니다.

큰스님의 사상과 연꽃마을은 오래갈 것입니다. 연꽃 석탑이 그림자 없는 세월을 증명할 것입니다.

2019. 8. 12.

도성암

　도성암道成庵은 현풍玄風 비슬산琵瑟山 중턱에 있는 작은 암자입니다. 『삼국유사』에도 등장하는 사찰이니 아주 오래된 절이지요. 절에서 바라보면 멀리 실낱같은 강이 흐르는데, 그 강이 바로 낙동강입니다. 『삼국유사』에 이르면 낙동강은 기름이고, 도성암 대웅전 앞에 있는 작은 탑이 등잔 기름 위의 심지와 같다 합니다. 강은 마르지 않는 기름이라서 이 암자에서는 아주 오랫동안 오백 도인이 나올 것이라는 전설이 있습니다. 선방은 작은 축으로 열두 명 앉으면 꽉 차는 작은 선방입니다.

　성찬 노스님이 암주이신데 노스님 말씀으로는 당신 이십대 초반에 만공 스님에게서 자신의 깨달음을 인가받으셨다 합니다. 어느 때는 호랑이도 보고 용도 보셨다 하는데 긴가민가하기도 합니다. 쌀 이외에는 대체로 자급자족해야 했기에 밭농사를 지었고, 노스님은 항상 장화 신고 다니며 밭을 관리

하기 바쁘셨습니다. 딱 시골 노인인 것입니다. 노스님은 새벽 정진과 저녁 정진은 꼭 참석하셨는데 버릇이 하나 있었습니다. 바로 정진 죽비가 쳐지면 보통 오 분 안에 코를 고시는 것이었습니다.

소리도 새근새근 그 위 데시벨입니다. 어느 때 구참스님 한 분이 "아! 큰스님, 주무시려면 스님 방에서 주무시지 왜 선방에 오셔서 코를 있는 대로 고십니까?"라고 했지요. 노스님은 씩 웃고는 그냥 지나치십니다.

또 노스님은 아주 왕소금이어서 공부하는 수좌들에게 먹이는 것도 인색했습니다. 현풍 장날이면 장에 다녀오시는데 그래도 절집 식구가 적은 식구가 아니라서 돌아오실 때는 택시를 타고 오십니다. 그래도 작년에 길이 나서 차가 들어오지, 그전에는 대중들이 모두 내려가 초입부터 지게 지고 올라와야 했습니다. 새끼 새들마냥 대중들은 큰스님이 입맛 다시는 거라도 사오셨나 눈으로 이리저리 훑어봅니다. 썩 좋은 소식은 없습니다.

다음 날 차담 시간에 종이봉투에 담긴 센베이를 내놓으시는데 조금 으스대는 면도 보입니다. 없던 시절이라 그것도 반가운데, 먹다 보면 과자가 누지고 냄새도 약간 나는 것이 필시 팔다 못 판 것 걷어 왔다는 의심을 내려놓을 수 없습니다.

그래도 그 센베이를 남긴 적은 한 번도 없습니다. 어느 때 먹거리가 모두 떨어져 십시일반 각출해서 식빵이며 과자를 사와 차담 시간에 내어 같이 먹게 되면 노스님은 우리 두 배는 잡숫습니다. 아주 볼이 빵빵합니다. 또 참지 못하는 구참스님이 한마디 합니다.

"큰스님! 큰스님은 대중들 간식도 안 사주고 대중들 돈 걷어서 사온 걸 큰스님이 이렇게 많이 잡수시면 이건 아니지 않습니까?" 노스님은 코 박고 잡숫다가 그 이야기를 들으시곤 고개를 살짝 쳐들고서는 정말 천진스런 아이마냥 씩 웃으시고는 다시 잡숫습니다. 노스님을 이길 방도가 없습니다.

어느 날 스님들과 대화 중에 페인트 이야기가 나왔는데 내가 생각 없이 뻥을 쳤습니다. "내가 속가 시절에 페인트공으로 세 식구를 먹여 살린 사람입니다."

가끔 하는 나의 레퍼토리로, 뭐 해서 세 식구 먹여 살렸다는 이야기인데 그 자리에 노스님이 계셨습니다. 노스님이 아주 반가운 표정으로 나를 보면서 정말이냐고 물으십니다. '아차!' 싶었는데 엎질러진 물이었습니다. "아, 그럼요."

노스님 말씀이 화장실 페인트를 칠해야 하는데 자네가 하면 어떠냐고 하십니다. 얼떨결에 "제가 하겠습니다" 하고 대답을 했습니다.

다음 삭발일 날, 현풍 읍내 페인트 가게에 가서 신나를 페인트에 섞는 요령이라든지, 자세하게 설명을 듣고서는 다음 날부터 화장실 페인트칠을 시작했습니다. 때는 한여름, 냄새가 고약했는데 두툼한 라면 박스를 잘라 왼손에 쥐고서 다른 한 손으로 바닥에 페인트가 떨어지지 않게 정성껏 칠했습니다. 점심 공양이 끝나고 다른 스님들이 뒷짐 지고 포행 갈 때면 나는 화장실로 향했습니다.

짬을 내서 하는 일이라 사나흘은 걸린 것 같습니다. 한여름 푸세식 화장실에 쪼그리고 앉아 삼십 분 이상이면 '아휴!' 소리 절로 나옵니다. 화장실 칠이 다 끝난 날 저는 대중스님들에게 전직 페인트공으로 인가를 받았습니다. "어떻게 바닥에 페인트 자국 하나 안 떨어졌네요! 색깔도 하늘색으로 밝고 좋습니다. 고급 기술입니다!" 하면서 말이지요. 그날 저녁에 노스님도 제게 칭찬 한마디 하십니다. 칠 잘했다구요.

그런데 덧붙여서 하시는 말씀이 법당 뒤에도 칠이 다 벗겨져서 손을 봐야 하는데 자네가 기술이 좋으니 마저 좀 하라고 하십니다. 법당은 한 일주일 걸린 것 같습니다.

저는 그 뒤로, 뭐해서 세 식구 먹여 살렸다는 뻥은 안 칩니다. 버릇 고쳤습니다.

욕심 많은 시골 노인 같은 노스님은 공부 이야기가 나오면 잘 벼려놓은 푸른색이 감도는 칼과 같았습니다. 공부 이야기로 돌아가면 아주 딴사람입니다. 인정도 자비도 없습니다. 분명한 자기 확신이 있을 뿐입니다.

　만공 스님에게 법 받았다는 말씀은 분명 뻥은 아니었을 것으로 저는 믿습니다.

　노스님도 제가 세속에서 유능한 페인트공이었음을 믿으셨습니다.

2019. 8. 28.

각현 스님 행장

　　각현 스님께서는 1944년 경상북도 문경군 문경면 용연리
에서 아버님 김치용 거사와 어머님 김석임 보살 사이에 태어
나셨습니다. 1968년 속리산 법주사에서 미륭당 월탄 대종사
를 은사로 출가하시어 삭발 득도하시고, 팔공산 동화사 학봉
강백의 강석에서 사교과를 수료하시고, 홍콩 중문대학 중문
학부 수료, 동국대학교 행정대학원 복지행정학과 수료 등 학
업에 매진하셨으며, 여러 산중의 선지식을 참방하여 본분사
를 참구함에도 온갖 노력을 다하셨습니다.

　　청계산 청계사 주지를 비롯해서 조계종 중앙 종회의원, 총
무원 사회부장, 법주사 부주지 등 여러 소임을 두루 거치면서
가람 수호와 대중 외호에 정성을 다하고 스승이신 월탄 대종
사를 모시고 법주사 청동 미륵대불 조성 불사를 원만히 회향
하셨습니다.

　　1990년 〈연꽃마을〉 이사장에 취임하시어 25년여 세월 밤

낮없이 노인복지에 온 힘을 다하셨으니, 이는 스님의 크나큰 원력의 구현으로 부처님의 은혜에 보답하고 이웃의 아픔을 보듬는 스님의 거룩한 행화일 것입니다.

〈연꽃마을〉은 조계종 사회복지에 새로운 모범을 제시하고 전국에 걸쳐 70여 곳에 이르는 시설들을 바르게 운영하였습니다. 복지시설 하나하나에 쏟아부은 스님의 원력을 천수천안이라 찬탄할 것입니다.

사회복지법인, 의료법인, 국제법인을 설립해서 그 원력을 넓히고 키우며, 온 세상 연꽃 향기 가득하게 만들어가는 때, 아! 황망한 스님의 원적―맑은 향기만 남기고 스쳐 지나가는 연꽃밭의 바람인 양 그렇게 사바의 인연을 다 하셨습니다.

2014년 12월 25일 원적에 드시니, 세수 70이시고 법랍은 46세이십니다.

늘 환한 얼굴로 사람들을 맞으시고 따뜻한 웃음으로 이웃을 보듬어주시던 스님. 그리워하는 사람들이 많이 있는 이곳, 스님의 대비원력이 구현되어야 할 이 땅에 어서 빨리 다시 오시어 이웃들에게 큰 그늘을 드리워주소서.

2019. 8. 29.

위없는 불도를 다 이루오리다

　부처님께서 위대한 것 중 한 가지는 이 세계를 신의 영역, 조물주의 영역에서 인간의 영역으로 돌려놓으신 것이라고 생각합니다. 인류의 역사는 불완전하고 불합리하고 부조리합니다. 인간이 그러하기 때문이겠지요. 불완전하고 유한한 인간으로서 완전하고 무한한 믿음의 대상을 찾는 것은 어쩌면 당연한 귀결이라고 볼 수 있습니다. 그러하기에 인간은 자연히 종교적 성품을 갖게 되었을 겁니다.

　이 세상의 모든 것은 빛과 그림자를 동시에 갖게 되어 있습니다. 좋은 면이 있는 반면에 상반된 면이 있기 마련이지요. 과학의 발전이 인간의 삶에 편리와 윤택함을 가져다주었으나 반대로 인류를 위협하는 무기의 발전과 생태계 파괴 등 적지 않은 문제가 발생되었습니다. 종교도 또한 그러합니다. 신앙을 통해서 거듭 태어나 세상에 소금과 같은 사람들이 있는가 하면, 자신만의 욕구 충족을 위한 도구로 쓰는 사람들이 있습니다. 또 그러한 종교인들이 권력과 정치에 결탁하여 신의 이름으로 저질렀던 폭력과 압제는 상상을 초월합니다. 인류 역사의 전쟁 중 90퍼센트 이상이 종교전쟁이었다는 것이 이 사실을 증명합니다.

집착에는 두 가지가 있습니다. 한 가지는 아집我執이요, 또 한 가지는 법집法執입니다.

아집이 강하다는 말은 자기 생각과 주장이 강하여 상대방의 의견과 생각을 받아들이지 못하는 상황을 말합니다. 이 아집은 법집을 키우는 지렛대 역할을 하기도 하는데, 자신이 믿는 사상이나 이념·종교·철학 등을 맹신적으로 믿는 믿음입니다. 법집은 집단과 집단의 갈등과 배척, 나아가서는 투쟁과 전쟁으로까지 벌어지기도 합니다. 우리나라에도 자유민주주의와 공산주의 두 진영으로 갈라져 한 나라의 동포가 총과 대포로 서로가 서로를 살육했습니다.

대다수의 사람들은 자유민주주의가 무엇인지 공산주의가 무엇인지도 모르는 채, 이념화된 한 줌도 안 되는 인간들 때문에 삼 년여의 지옥 같은 전쟁으로 이백육십만이나 되는 겨레의 자손들이 목숨을 잃고, 살아남은 이들도 죽음보다 못한 삶을 살아야 했습니다. 자신만이 옳다는 아집과 법집이 저지른 만행이었습니다.

육이오 동란이 끝난 지 칠십 년이 지났어도 한반도의 상황은 조금도 달라지지 않았습니다. 한반도를 둘러싼 사대 강국, 미국 · 중국 · 러시아 · 일본 등의 서로 간 이익 충돌과 영향력 충돌로 국제 정세는 갈수록 불안요소가 커져만 가는데, 위정자들은 서로를 상종 못할 집단으로 매도만 하지, 한집에 사는 나의 이웃이라고 생각하지도 않는 것 같습니다. 정치인이 만든 집단이기주의를 국민들마저 좌파니 우파니 하며 이념적 집단을 형성하였습니다. 최소한의 대화와 소통보다 조롱과 질시, 편 가르기가 가중되고 있습니다. 아집과 법집은 사전 속에만 나오는 단어가 아니고 인간이 잘못 길러낸 성품의 자식입니다.

해탈解脫이라는 불교적 언어가 있습니다. 해탈은 해방이라는 말과 비슷한 말입니다. 해방은 자유라는 말과 밀접한 관계가 있습니다. 불교적 수행의 목적은 해탈과 열반이고, 이는 곧 자유에 다다름입니다. 여기서 자유는 궁극적 자유입니다. 학생이 학교를 졸업하거나 군인이 군대를 제대하면서 그 시설에서 벗어나는 것도 자유이지만은, 불법佛法으로서의 자유는 더 심오합니다.

모든 집착에서 벗어난 것이 해탈입니다. 지금 님께서는 무엇 때문에 괴로우십니까? 또 무엇 때문에 행복하십니까? 고苦와 락樂은 동전의 앞면과 뒷면처럼 한 몸의 두 얼굴입니다. 돈 때문에 웃기도 하고 울기도 합니다. 사랑 때문에 살기도 하고 죽기도 합니다. 미움을 벗어던지면 평화가 찾아옵니다. 우리는 동전의 앞면에 집착할수록 뒷면의 그림자가 커지는 이상한 숙명을 갖고 있습니다. 돈에 집착할수록 돈의 노예가 되기 쉽고, 사랑도 미움도 마찬가지입니다. 이치가 그러하니 그러한 집착에서 벗어날수록 해탈과는 닮아가겠지요.

수행자들에게 금과옥조 같은 단어 하나가 있는데 바로 방하착放下着입니다. 지금 집착하고 있는 그것을 내려놓으라는 이야기입니다. 좋다는 생각과 싫다는 생각에 매이지 말라는 이야기입니다. 때에 따라서는 보리밥도 먹고 쌀밥도 먹습니다. 때로는 오솔길도 가고 배추밭 길도 갑니다. 인연사가 그러하다면 그 인연의 길로 갑니다. 굳이 분하고 안타까울 일도 없습니다. 또 으스대고 자랑할 일도 없습니다. 인연 따라 온 것은 인연이 다하면 구름 사라지듯 흩어지기 때문입니다.

부처님께서 깨달은 바를 아뇩다라삼먁삼보리, 즉 무상정등 정각無上正等正覺이라 합니다. 위없는 일체의 지혜이며 바른 깨달음이라는 뜻이지요.

사바세계는 빛과 그림자로 나누어지는 세상입니다. 만나면 헤어지고 헤어지면 다시 만날 날을 기약하는 것처럼 시소 같은 운명입니다.

금강경 말미에 무유정법無有定法이라는 말이 나옵니다. 정해놓은 법이 없다는 말인데 아뇩다라삼먁삼보리는 무유정법이라 합니다. 그 어디에도 걸리지 않는다는 말입니다. 옳고 그름, 크고 작음, 있고 없음 등 상대적인 분별 시비를 넘어선 절대적 경지를 말합니다. 부처님께서는 인간의 몸으로 이런 집착과 분별을 넘어서 절대적 경지인 해탈과 열반을 몸소 보여주셨고 그러함으로써 인간은 모두 다 이룰 수 있다는 가능성을 보여주셨습니다. 그래서 불교도들을 불자佛子라고 하는데 이는 부처님 자식이라는 말로, 아이가 자라면 어른이 되듯이 우리도 부처님 말씀을 따라 행하고 증득하면 결국 부처를 이룬다는 뜻입니다.

불도佛道라 함은 석가모니 부처님께서 가신 길이고 행하신 일이고 증득하신 일입니다. 스승께서는 몸으로 보이셨고 깨달으신 바를 감추지 않으셨습니다.

중생은 고苦와 락樂에 집착합니다. 이 고와 락에서 벗어나

는 것을 중도中道라 하셨습니다. 모든 빛과 그림자에서 벗어
날 수 있는 하나의 힌트입니다. 좋다는 생각에 어려움이 생깁
니다. 또 나쁘다는 분별이 사람을 작아지게 합니다.

사천 년, 삼천 년 전의 갈등이나 지금의 갈등은 사실 차이
가 없습니다. 그 시절 인간의 마음이나 지금 이 시대의 인간
의 마음이 다르지 않기 때문입니다. 욕망은 양날의 칼입니다.
문화와 문명은 인간의 욕망으로부터 출발합니다. 그러나 제어
되지 못하는 욕망은 폭력과 투쟁, 전쟁으로까지 비화됩니다.

부처님께서는 두 가지를 제안하셨습니다. 하나는 지혜이고
또 하나는 자비입니다. 지혜智慧는 옥석玉石을 가리는 힘입니
다. 자비慈悲는 인간의 정이고 사랑입니다. 불교적 자비는 무
차별적입니다. 차별을 두지 않는다는 말입니다. 지혜를 상징
하는 보살은 문수보살입니다. 자비를 상징하는 보살은 관세
음보살이지요.

불교의 보살은 이상理想적 행동가들입니다. 누군가를 지지
하고 응원하고 도와주는 행동가입니다. 관세음보살님께서는
이렇게 말씀하셨습니다. "나는 단 한 번도 너를 외면한 적이
없다. 너희가 나를 찾지 않았을 뿐이다." 의지가 없는 이에게
는 구제도 없음을 밝히시는 말씀이라고 새깁니다.

불교의 보살은 현세의 사회복지사들과 닮았습니다. 자비심

없이 사회복지를 한다는 것은 앙꼬 없는 찐빵처럼 팍팍하기가 이를 데 없겠지요. 세상이 팍팍해질수록 우리 사회복지사들과 요양보호사는 더욱 빛을 발하고 필요한 사람들입니다.

밤이 깊고 어두울수록 별은 더욱 빛이 나고, 밤하늘의 달빛은 어두운 밤길을 인도하는 길잡이가 될 것입니다.

부처님은 인간의 근본자리에 모두 부처의 품성이 있다고 보셨습니다. 언젠가 이 세계는 불국토가 될 것이라고도 말씀하셨습니다. 그래서 그 많은 보살이 필요하고 호법 신장이 필요하셨습니다.

저도 두 손 모아 서원합니다. 작은 보살로나마 이웃과 함께하고 부처님 닮아가도록 노력하겠다구요.

서원합니다.
중생을 다 건지오리다. 번뇌를 다 끊으오리다.
법문을 다 배우오리다. 불도를 다 이루오리다.

2019. 9. 10.

연꽃탑을 세우며

이 세상이 열린 것은 언제인가요? 모든 종교가 시원始原을 이야기하지만 제각각으로 계산법이 따로 있습니다. 그러면 이 세상은 어디를 향하여 가는가요? 이것 또한 제각각의 생각이 있습니다.

석가모니 부처님께서 입멸하신 지는 2563년 되었으나 불보살님은 진리 자체이기에 오고 간 바 없어 상주불멸常主不滅입니다. 부처님께서 생로병사生老病死 사고四苦를 말씀하신 것은 해탈과 열반에 참뜻 있으심이며, 성주괴공成住壞空을 말씀하심은 무시무종無始無終의 우주론이기도 합니다.

인도에서 일어난 불교는 당시의 여러 사상과 종교들을 극복하고 짧은 시간에 인도 전역을 불교로 바꾸어 놓았습니다. 그중에서 대승불교는 중국을 교화하고, 중국의 불교는 지금의 한반도에 정법正法의 등燈을 전하였습니다. 한국불교는 고구려 소수림왕 시절 아도 화상으로부터 시작한다 하니 천육백 년의 짧지 않은 세월이며, 그리하여 이 한반도의 역사는 불교의 역사라고 해도 틀리지 않습니다. 불교는 사상과 문화, 풍습, 사람들의 습관마저 불교적으로 바꿔놓았습니다. 불법 문중은 자비慈悲문중입니다. 그래서 이 땅의 백성들은 인정 베풀기를 좋아하고 누구에게든 상처주는 일을 몹시 싫어하였습니다. 불법佛法은 스님들이 있어서 끊어지지 않고 면면히 이어 흐릅니다.

이십세기 들어 한국불교는 부족한 점이 많았으며, 특히나 사회부조의 봉사가 부족하였습니다. 그러나 1990년 시작된 사회복지법인 〈연꽃마을〉은 "마을마다 연꽃마을, 마음마다 연꽃마음"이라는 구호로, 노인복지와 아동복지, 장애우들을 위한 시설들을 만들어 나갔습니다. 연꽃마을은 불교만의 시설이 아니었고 한국 사회복지를 한 차원 올려놓는 역할까지 하였습니다. 이 모든 것은 연꽃마을의 창업주이신 덕산당德山堂 김각현金覺賢 스님의 원력과 행원이 있었기에 가능하였습니다. 당신을 아시는 모든 분들은 보살의 화현이라고 말씀들 하십니다. 늘 힘들고 어려운 사람들과 함께하셨고 한평생 자신을 위한 삶보다는 노인과 사회의 약자들이 우선이셨습니다. 언행일치하셨고, 늘 미래를 설계하셨습니다. 늘 먼저 웃으시며 따스한 악수로 맞아주시던 큰스님이셨습니다.

한국 사회복지의 거목이셨던 이 땅의 보살화신께서 무슨 바쁜 일 있어서인지 세수 70, 법랍 46세를 일기로 사바의 인연을 다하셨습니다. 우리 후학들에게는 산이 무너짐이었고 땅이 갈라지는 황당함이었습니다. 차마 한 번도 생각 못 한 이별을 그렇게 황졸 간에 당하였습니다.

후학들의 부족함으로 사 년여 세월을 공으로 보내고 이제 덕산당德山堂 큰스님의 사리탑을 세우니 몹시 부끄럽고 한편으로 죄송하기도 합니다.

덕산당 큰스님의 사리탑은 연꽃탑이라고 부르기로 하였습니다. 당신의 평생 원력이고 사상이셨던 연꽃마을에, 이 연꽃탑을 정신적 귀의처로 삼기 위한 우리들의 바람을 담았습니다.

큰스님! 우리 연꽃마을 식구들과 인연 단월이 십시일반 연꽃탑을 위하여 자신의 정성을 다하였습니다.

큰스님 가시는 길에 눈물로 향을 올렸던 이 권속들이 다시 정성을 모아 땅을 다지고 황등의 돌을 쪼았습니다.

후학들의 바람은 송구하나 큰스님께서 속환 사바하시어 광도제중생廣度濟衆生해주시기를 발원합니다.

불기 2563년 가을날,

덕산 문도 대표 황산 원상, 연꽃마을 대중 일동

제 4 부

계절을 따라 흐르는 불도

엊그제 같더니

어제는 진종일 비가 내리더니 오늘은 살가운 미풍으로 물기를 날려 보냅니다.

궂은 날 뒤에 보는 세상의 전경은 보다 선명하고 가까이 다가와 있는 듯합니다.

산색이 하루가 다릅니다.

정점을 향하여 달려가곤 하지만 사실은 본래 그 자리입니다.

오늘도 마당을 걷습니다.

걷다 보다,

보다 걷다,

조금 더 천천히 걸어야겠다는 생각이 들기도 합니다.

가을 하늘은 깨끗이 비어 있어 더 좋아 보입니다.

2014. 10. 1.

겨울 준비

지금 산 위에는 겨울 준비가 한창입니다.

다람쥐, 청설모, 멧돼지…… 산동네 토박이들은 먹이를 모으거나, 몸을 불리는 일에 열중하고 있습니다.

월동의 보람이 추운 겨울을 나게 하겠지요.

저도 나무를 부지런히 하고 있습니다.

장작을 쌓으며 높아진 키를 보면 그렇게 뿌듯할 수가 없습니다.

고구마도 한 짐 해야겠습니다.

호호 입김 불며 먹는 구수한 고구마 맛이 겨울 추위를 한 껍질씩 벗겨줄 테니까요.

겨울은 추워야 제맛입니다.

2014. 10. 6.

바람 소리

산 위에서 바람이 세게 부는 날이면, 바닷가에서 파도를 마주하고 있는 듯한 착각이 듭니다.

집 안이면 작은 안도감도 있으나, 왠지 길 위에서 날파람을 맞으며 홀로 걸어가야만 할 것 같은 생각이 들기도 하지요. 많은 생각과 기억들이 저 바람 속에서 왔다가 사라지곤 합니다.

잎사귀마다 물기가 마르고 단풍색이 입혀지면, 자신의 둥지에서 떠날 날이 멀지 않은 것입니다.

가을날의 정점은, 한 세상 살다 떠나는 것들의 마지막 불꽃이기에 더욱 처연하고 황홀합니다.

2014. 10. 13.

메로나

사실, 메로나는 아주 오래전 이야기입니다. 제가 이십 대 후반에, 한 이 년 토굴살이를 하였는데 어느 날 시장에서 얼음과자 메로나를 사 먹었습니다. 어찌나 맛있게 먹었는지, 그 후로도 일 년에 서너 차례는 먹었는데 그때마다 눈을 감고 음미를 하였지요. 그 쫄깃한 맛의 감동을 다시 느끼기 위해서 말이지요.

제가, 행복했었다고 느끼는 한 장면이었습니다. 또 한 번은 선원에서 오전 정진 중에 졸다가 창호 문으로 들어오는 밝고 따스한 햇살을 찰나 간에 본 순간이었습니다. 표현하자면 아마도 메로나의 그 맛처럼 신선하고 충만했던 것 같습니다.

2014. 10. 16.

가을비

이른 아침부터 비가 내립니다.

부슬부슬 내리는 안개비입니다.

앞산에는 운무가 가득, 마당에는 누런 낙엽이 카펫처럼 펼쳐져 있습니다.

쓸쓸함과 황홀함이 한데 엉켜 깊은 사색의 침묵을 안겨주고 있습니다.

침묵은 안개비처럼 산에 함께 내려앉습니다.

가을 보러, 단풍 보러, 또 부처님 뵈러 멀리 안 가셔도 될 것 같습니다.

혼자 보기에는 너무 아까워, 야속한 날의 정경입니다.

2014. 10. 20.

길 건너

어느 날 늦은 밤 약주를 얼큰하게 드신 중년 아저씨가, 세종 문화회관 앞에서 택시를 잡습니다.

택시가 앞에 서자 아저씨는 큰 목소리로 목적지를 외칩니다.

"엘에이LA!"

기사 아저씨는 힐끔 쳐다보고 대꾸도 안 하고 가버립니다.

그렇게 늦은 밤 "엘에이"를 외치며 열 번째 택시마저 가버렸습니다.

날은 바람이 불어 추웠습니다. 마침내 열한 번째 택시가 왔습니다. 다시 한번 힘내어 "엘에이"를 외쳤습니다. 지성이면 감천이라 했던가요. 택시 기사 아저씨가 차에서 내려 "엘에이"를 외치는 아저씨 앞에 다가서서 낮은 중저음으로 정중히 말씀하십니다.

"손님! 엘에이는 길 건너 타셔야 됩니다."

2014. 10. 25.

나폴레옹

　나보고 인류 전쟁사에서 싸움을 제일 잘한 사람 셋을 꼽으라면 징기스칸, 한니발, 나폴레옹을 꼽을 것입니다. 한니발은 용병들을 이끌고 알프스를 넘어, 당시 최강이었던 로마에 맞서 십육 년 동안 그들을 괴롭혔습니다. 나폴레옹도 알프스를 넘었습니다. 이 이야기는 당시 있었던 콩트와 같은 야사입니다.

　나폴레옹이 알프스산을 넘어 이탈리아로 들어갈 계획을 수립하고 대군을 이끌고 산을 오르고 올라 마침내 정상에 닿았습니다. 그러나 정상에 올라 지형을 살펴보니 알프스가 아닌 것입니다.

　"어, 이 산이 아닌게벼."

　많은 군사를 험난한 산 위에서 잃었습니다. 그렇지만 다시 정상에 섰습니다. 하지만 "어, 이 산도 아닌게벼."

　세 번째, 정상에 올랐을 때도 길을 잘못 잡았습니다.

　"어, 여가 알프스가 아닌게벼."

정말 많은 군사가 죽어 나갔습니다.

나폴레옹 뒤에 있던 북 치는 소년이 나지막한 소리로 혼잣말을 합니다.

"저 사람이 아무래도 나폴레옹이 아닌게벼."

2014. 11. 9.

보시함

　선원 지대방에는 방 한쪽 면에 관물장이 있습니다. 크기는 사과 박스 세 개쯤 들어갈 공간입니다. 한 사람에 하나씩, 안거 기간 동안 사용합니다. 그 관물장들 중에 '보시함'이라고 써놓은 자리가 있는데, 자기에게 꼭 필요하지 않은 물건들을 내놓는 곳입니다. 다른 이들은 여기에서 필요한 물품을 찾습니다. 최소한 짐을 줄여 걸망쟁이로 살아도 어쩌다 보면 짐이 쌓이고, 한 번씩 버리고 내려놓지 못하면 그 부피와 무게에 짓눌립니다. 욕심이 과한 사람은 그 사실도 모를 정도입니다.

　쌀쌀해지는 날씨에 온 산의 나무들은 잎새들을 가지에서 떠나보냈습니다. 아까워 보내지 아니하면 자신이 겨울을 나기 힘들다는 것을 아는 까닭이지요.

　'지나치면 모자람만 못 하다'는 말도 있습니다.

2014. 11. 12.

254

군불

앞뒤 없는 바람은 눈송이까지 실었다.

점심나절에 난로와 아궁이에 불을 일군 것은 잘한 일이었지.

따뜻한 난롯불은 성화 대는 바람 소리도 조용히 돌려세우고

새근대는 내 숨소리는 고르다.

2014. 12. 14.

삼무 정신

나에게 복이 있다면 어려서 큰스님들을 가까이서 모실 수 있었다는 행운일 것입니다. 사실 어느 면에서 보면 내가 어른들을 모신 것이 아니라 그 어른 스님들께서 나를 감싸 안고 살았다고 해야 맞습니다. 말 안 듣고, 하지 말라는 일들만 하고 살았습니다. 그래도 말씀 없이 보듬어만 주셨습니다. 때로는 가끔 눈물 나게 혼꾸멍도 났지만 말입니다.

이십 대 때는 사람들과 대화하다 가끔 삼무三無 정신을 이야기하였습니다. 중국 근대화의 아버지라고 할 수 있는 손문孫文 선생의 삼민주의三民主義는 들어봤어도, 삼무 정신은 처음 듣는 사람들이 많을 것입니다.

무능력 · 무관심 · 무책임이 나에겐 삼무 정신입니다. 농반진반으로 재미 삼아서 하던 말이었는데 내 삶에 영향을 많이 주었습니다. 부정적인 면이 훨씬 많았을 것입니다. 내가 볼 때 자신의 재주를 자주 드러내는 분들이 환속이 더 많았고,

관심이 두루 하신 분들은 정진과는 거리가 있었습니다. 반면 책임감이 강한 사람들은 재무나 총무 원주 살림들을 하는 경우가 많았습니다. 이 삼무 정신의 힌트는 조실스님이었습니다.

언젠가 조실스님께서 글 한 폭 주셨는데 그 말씀이 '호사막여무사好事莫如無事'였습니다. '좋은 일도 없는 일만 못하다'라는 뜻입니다. 망상 많이 피우지 말고 참선 공부 열심히 하라는 말씀이었을 텐데, 게으른 태평무사 쪽으로 애용하였습니다. 그래도 행정승이나 사판승이 되지 않은 것은 이 삼무 정신 덕분이었을 것입니다.

삼무 정신의 진정한 뜻은 선가에 전해져 내려오고 있습니다. 무념·무상·무주가 그것인데 기회가 있을 때 말씀드리겠습니다.

2015. 1. 10.

무념

톰 행크스가 주연한 〈포레스트 검프〉라는 영화가 있습니다. 검프는 아이큐가 75로 지적 발달장애를 갖고 있습니다. 일반 초등학교에서는 입학을 허용하지 않고 특수학교에 진학할 것을 종용합니다. 그러나 검프는 어머니의 기지와 굳센 의지로 일반학교에 입교합니다. 검프는 지적 발달장애아지만 아주 큰 장점이 있었습니다. 한번 가르쳐준 것은 수없이 반복하여 완전히 자기 것으로 만듭니다.

우리가 방황하고 갈등하는 이유는 길이 여러 개 있기 때문입니다. 한 분야에서 성공한 사람들 이야기를 들어보면 그 일에 미쳐있거나 할 줄 아는 것이 그것 하나뿐이라고 믿는 사람들입니다.

무념의 한자 뜻은 '없을 무無'에 '생각 념念'입니다. 선가에서는 '무념위종無念爲宗'이라 하여 무념을 으뜸으로 삼는다 합니다. 무념은 생각이 없어 공한 것이 아니고 생각이 한가지로 순수하다는 뜻입니다. 밥을 먹을 때는 밥을 먹고, 걸을 때는 건습니다. 다만 한가지로 행할 뿐 비교 분별하여 망상 떨지 아니합니다.

무념은 다른 말로 하면 순수의식이라 할 수 있겠습니다. 수행은 참된 삶을 위한 과정입니다. 이 참된 삶을 위해서는 무엇보다 필요한 것이 무념인 것입니다. 그래서 선가에서는 무념을 으뜸으로 삼습니다. 무념에서 완성이 이루어지기 때문입니다.

2015. 1. 12.

무상

　미국에서 아주 유명한 건축공학자가 어느 날 집에서 쉬고 있었습니다. 문득 자신이 알고 있는 사실들 중에서 논쟁이 불필요한, 이를테면 확실하고 또 분명한 사실이 무엇일까 생각해보았습니다. 온종일 생각해보았는데 딱 한 가지가 사실이라는 걸 깨달았습니다. 바로 모든 것은 변한다는 사실! 과학적 지식·사상·철학·종교와 주위의 모든 사람들과 나 자신마저 변화한다는 사실을 인지한 것입니다.

　무상無常이라는 낱말은 감정이 배제된 평범한 우리 일상의 진리어입니다. 허나! 낙엽 지는 이 황혼의 계절에 옷깃을 세우고, 고독한 표정으로 걸어보는 사치도 내 삶의 소중한 한 부분이 아닐 수 없습니다.

　무상한 세월입니다.

2014. 10. 28.

무상2

무상위체無相爲體, '모양 없는 것을 본질로 삼는다'라고 해석할 수 있겠습니다.

본 마음자리는 불생불멸不生不滅하고 불구부정不垢不淨하고 부증불감不增不減합니다. 생멸이 없고, 더럽고 깨끗함도 없으며, 늘어나거나 줄어들지 아니합니다. 우리는 모양 있는 육체에 집착하고 눈에 보이는 것을 전부로 생각하며 살고 있습니다.

『금강경』에 '범소유상 개시허망凡所有相 皆是虛妄'이라는 말이 있습니다. '무릇 모양 있는 것은 모두 허망하다'라는 말입니다. 시절인연으로 모였다가 인연이 다하면 먼지처럼, 아침 이슬처럼 사라져버립니다.

영원하지 않은 것에 집착하여 영원성인 우리의 불성은 찾아볼 생각도 하지 않습니다.

'약견제상비상 즉견여래若見諸相非相卽見如來라!' 만약 모든 상이 상이 아닌 줄로 볼 수 있다면 그것은 바로 여래를 본 것과 같느니라. 꿈과 같고 그림자 같은 것을 진실한 상이라고 믿는 마음을 돌이켜 허상으로 파악한다면 본질을 볼 수 있다는 이야기입니다.

그리스의 수학자이며 철학자인 피타고라스는 이렇게 말하였답니다. "이 세상에 오는 사람들은 어느 축은 장사꾼으로 오고, 군인으로 오고, 또 정치가로도 온다. 그중의 최고는 관객으로 오는 것이다"라고요.

인생은 한바탕 연극이라 합니다. 연극임을 알고 사는 것과 모르고 사는 것의 차이는 십만 팔천 리입니다. 상을 세우지 않은 우리의 본마음은 대한민국을 안고 지구를 안고 우주를 안아도 남음이 있습니다. 상 없음으로 해서 일체 걸림이 없습니다. 무상을 체로 삼는 이유인 것입니다.

2015. 1. 16.

무주

'무주위본無住爲本'이라 함은 '머물지 않는 마음을 근본으로 삼는다'는 뜻입니다.

부처님의 가르침은 깊고 광대합니다. 깊고 광대하다고 표현할 수 있는 이유는 어느 것 하나를 절대적 가치라고 고집하지 않기 때문에 하나의 틀로써 담을 수 없기 때문에 그렇습니다. 그럼에도 불구하고 불교의 모토를 꼽으라 한다면 저는 '자유'라고 말씀드리고 싶습니다.

부처님께서나 역대 조사님들의 말씀은 한결같습니다. 그것은 바로 '주인공으로 살라'는 말씀입니다. 주인공은 자유인이고, 자유인은 어느 것에도 구속받지 아니하고 걸림이 없습니다. 한 이념이나 정파, 지역주의를 극복하고 더 나아가서 자기가 믿는 신에게서조차 구속되지 않는 경계를 자유라 할 것입니다. 참 자유인은 타인의 자유를 인정할 뿐 아니라 그 자유를 위해서 헌신합니다.

선가에 '살불살조殺佛殺祖'라는 말씀이 있습니다. '부처를 만나면 부처를 죽이고 조사를 만나면 조사도 죽인다'라는 말씀입니다. 끔찍하고 살벌한 느낌을 전해주는 이 말씀은 이미 규정된 가치나 이념에 매몰되지 말라는 경책입니다. 그럼으로써 자신만의 살림살이를 살아내라는 독립선언으로 저는 해석합니다. 머무른 바 없이 마음을 낸다는 것은 기존의 선입관이나 가치가 배제된 마음을 쓰라는 의미와 통합니다.

세상을 누구나 있는 그대로 볼 수 있는 것은 아닙니다. 대체로 보고 싶은 대로 보거나, 봐야 될 어떤 신념으로 세상을 바라봅니다. 이렇게 의도하는 생각이 들어서는 순간 나와 세상은 분리되어 둘이 되고 맙니다. 분별심이 작용하면 세상을 보는 눈이 그릇되거나 허상에 빠지게 됩니다. 무주를 근본으로 삼는 이유가 여기에 있습니다.

문득 이런 생각이 드는군요. 무념無念은 물들지 않은 순수함이요, 무상無相은 열린 마음이요, 무주無住는 처음처럼 설레는 마음이 아닌가 말입니다. 자유로운 영혼으로 살고자 하는 간절한 염원이 바로 이 같은 삼무三無 정신에 있지 않을까 생각해봅니다.

2015. 1. 21.

입춘

 달력 한 장을 넘기니 문득 입춘立春입니다. 소한小寒이니 대한大寒이니 대설大雪이니 하는 겨울의 절기는 지나가고, 봄소식 첫 번째인 절기를 맞이합니다. 농경사회인 우리 문화 중 입춘은 한 해의 살림을 준비하고 계획하며 혹시 모를 삼재의 재앙을 멀리하고자 하는 선조들의 마음가짐이 담겨 있습니다.

 '삼재三災'라고 하면 대삼재大三災와 소삼재小三災가 있는데 우선 소삼재 중 첫째는 칼과 관련된 다툼의 재앙이요, 둘째는 질병과 관련된 재앙이며, 셋째는 굶주림에 대한 재앙입니다. 대삼재 중 첫째는 바람의 재앙이요, 둘째는 물의 재앙이요, 셋째는 불의 재앙입니다. 어찌 보면 인재와 천재를 가리키는 것 같습니다.

 이와 같은 삼재팔난三災八難을 미리 염두에 두고 관심을 가지며, 입춘에는 불공을 드리고 특별히 신중불공을 따로 봉행합니다. 신중단에 모셔진 탱화의 주인공들은 화엄경에 설해진 신들로서 불법을 옹호하고 불법을 따르는 불자들을 보호하고 옆에서 돕겠다고 부처님께 약속한 신들입니다. 그래서 우리는 『화엄경』에 설해진 신들이라 하여 '화엄신중華嚴神衆'이라 하기도 하고 '화엄성중華嚴聖衆'이라 하기도 합니다.

화엄성중! 화엄성중! 화엄성중 혜감명 사주인사 일념지 애민중생여적자 시고아금공경례!
(성스러운 화엄신중은 지혜로 밝게 비추시어 온 세계의 모든 일을 한 생각에 다 아시어 모든 중생 자식처럼 어여삐 여기시니 저희 이제 공경하며 절하옵니다.)

입춘을 맞이하며 불보살님과 화엄성중님들께 발원하오니 삼재팔난은 멀리 여의옵고 밝은 복은 가까이 불러들여 이 땅의 모든 중생 평화와 행복 가득하며 세세생생 부처님 세상에 태어나 끝내는 모두 성불하여지이다.

2015. 2. 1.

권다가 勸茶歌

옛사람 말씀에, 지기를 만나면 천 잔도 부족하다는 말씀이 있습니다. 진정으로 마음 통하는 벗을 만난다면 오목한 술잔에 반가움과 지난한 인생의 회포를 섞어 마셔봄도 괜찮으리라 생각합니다.

사찰에서는 술을 사양하고 고아한 차를 선호하여 그립던 분이 오시면 차를 권하여 함께 합니다.

봄비 내리는 흐릿한 오후에 차 한 잔 권하옵니다.

2015. 2. 16.

권다가勸茶歌

- 함허 득통(涵虛得通, 1376~1433)

한 잔의 차는 한 조각 마음에서 나왔으니

한 조각 마음은 한 잔의 차에 담겼어라.

마땅히 이 차 한번 맛보시게.

한번 맛보시면 한없는 즐거움이 솟아난다네.

기신론起信論을 읽고서

무시 이래로 밝은 달은 지금도 또 영원히 밝아 있음인데
모르는 새, 무명의 안개 일어 달빛을 가리운다.
지혜의 통찰과 신심의 수행으로 무명구름 걷어내니
자성 청정함이 만고적 그대로일세.
부처와 범부, 뉘가 다르다 했던가.
꿈속에 어지러운 꿈이로세,
본래 밝음이니
만선 어부 노랫소리가 가깝도다.

2015. 6. 13.

백합

　봄에 백합 세 뿌리를 심었더니 잎도 무성하고 몽우리도 실한데 오래도록 꽃을 피우지 아니할 새, 우리 보살 그 곁을 지날 때면 끌탕 한 번씩은 꼭 하더라니, 기다림 끝에 하얗고 큼직한 백합 네 송이 반가웁기도 한데 귀하신 비울님까지 찾아오시어 사흘 밤낮으로 꽃과 함께 부둥켜안더라니.

　심고 기다리고 기다린 보람
　채우고도 남음 있느니…….

2015. 7. 13.

거북바위

속리산 법주사에는 오래된 전설이 몇 가지 있습니다. 그중 거북바위 전설은 우리나라 역사와도 깊은 관련이 있습니다.

법주사에는 청동으로 장엄된 세계 최대의 미륵부처님이 계시는데 그 뒤편으로 우뚝 솟은 봉우리가 수정봉입니다. 수정봉 정상에 올라서면 우리나라에서 제일 큰 거북바위가 서쪽을 바라보고 있습니다.

청나라 태종은 조선 정벌을 결심했습니다. 명나라를 사대하던 조선이 신흥국인 청나라를 오랑캐 취급한다는 명분이었습니다. 청 태종은 자신이 존경하는 도인을 불러 전쟁에 대한 자문을 구합니다.

그 도인의 말이, "조선에는 속리산이 있는데 사람으로 치면 배꼽의 자리요, 그 산 큰절 주위에 거북바위가 있는데, 거북이 머리가 우리나라를 향하고 있어서 우리나라의 재물과 기운이 모두 조선을 향하여 나갑니다. 사람을 보내 거북이 머리를 자르되, 혹시 그 자리에 신발 두 켤레가 있으면 전쟁을 멈추고, 신발이 없으면 나아가셔도 괜찮습니다. 신발이 놓여 있음은 조선에 무시 못 할 도인들이 있기 때문입니다."

청나라 자객이 오기 며칠 전, 법주사의 한 스님이 꿈에 선몽을 하였습니다. 눈에 광채를 띠는 노스님께서 "이 나라의 존망이 달린 일이니 거북이 등짝 위에 짚신 두 켤레를 삼아서 올려놓아라. 잊어서는 안 되느니라" 하고 비결을 주셨습니다. 비록 꿈이었지만 너무나 생생한 노스님 당부 말씀에 이 스님은 그날로 짚신 두 켤레를 삼아 거북이 등 위에 가지런히 올려놓았습니다. 그런데 며칠을 그렇게 두었는데도 아무 일도 없자 투덜거리며 그만 짚신을 들고 내려왔습니다.

그 다음 날 오후 늦게 청나라 자객이 수소문 끝에 수정봉 거북바위를 찾아 올랐습니다. 한눈에 보아도 집채만 한 거북바위가 예사롭지 않음을 알아보고 준비해온 연장으로 머리를 한참 자르는데 마른하늘에 벼락이 불꽃을 뿜으며 내려치니, 자객은 혼비백산하여 줄행랑을 쳤고 거북이 목은 다행히도 반쯤은 잘려나가지 않은 채로 붙어 있었습니다.

그해 늦가을 청나라는 병자호란을 일으켰고, 조선의 국토는 오랑캐의 말발굽 아래 유린되고 백성들은 살아서 생지옥을 경험해야 하는 참담함을 겪었습니다.

힘없는 나라의 백성은 살아도 삶이 원수 같고 지옥과 같은 것임을 역사가 말해줍니다.

지금도 수정봉의 거북바위는 목을 시멘트로 이어 붙인 채 중국을 바라보고 있습니다. 중국에 대항해 우리나라를 지키려는 수호신장守護神將처럼 말입니다.

2015. 7. 18.

노을

서산이 붉게 물들고 회색 구름 낮게 떠 있습니다.

그럭저럭 이 하루를 보내며 낮은 한숨 쉬어봅니다.

산 너머로 새들 사라져갑니다.

2015. 8. 5.

소리

소리는 누군가의 몸짓이며
누군가의 마음 움직임입니다.
산의 정적을 깨고 떨어지는 도토리 소리는
가을님 오시는 시그널입니다.
거년에 마음만 두고 하지 못했던 일들,
속으로 헤아려봅니다.
기쁜 만남은 설렘이 먼저
길을 닦는 모양입니다.
자리 하나 그댈 위해 남겨둡니다.

2015. 8. 30.

도토리

이른 아침 향기로운 풀 내음 도랑에 가득합니다.

누레진 벗나무 이파리들, 이끼 푸른 마당 위로 가득 내려앉았습니다.

작년에 실패했던 기억으로 올해는 안 하리라 마음먹었는데 때깔 좋은 도토리 천지로 내깔려, 무릎 굽혀 가을 농사 지어봅니다.

무엇을 해도 합이 드는 천지 가을, 도토리만으로는 성이 안 차, 메아리 없어도 소리쳐봅니다.

"참, 좋다! 그쟈!"

2015. 9. 25.

외딴 암자

가을색 피어나는 원숙한 오후
머물던 사람들마저 돌아들 가고
산도 비고 절도 비었는데
무지렁이 같은 중 하나만 도량을 서성입니다.
새소리 잦아드니 사위는 어둑해지고 바람은 차갑습니다.
가을이 깊을수록 외딴 암자 외로워
군불이라도 지펴보는데
하얀 연기마저 저 하늘로 돌아서 가버립니다.

2015. 10. 18.

물소리

    황정산 계곡물은 크고 작은 바위 숲을 요리조리 피하여 돌고 나아가고 합니다. 하얀 물거품 뱉어내며 시원한 소리 잘도 내며 흘러갑니다.

    노오란 생강꽃 향기가 지나는 이의 발길을 느리게 하고, 지저귀는 맑은 새소리가 하늘 한 번 더 보게 합니다.

    파릇한 새싹과 한 해를 기다린 꽃몽우리가 사랑스럽습니다. 그 추웠던 겨울과 갈증을 견뎌낸 보람이 지금 시작됩니다.

    꽃피고 다시 꽃이 핍니다.
    꽃이 지는 것도 꽃을 피우기 위함입니다.

    지금 나의 그늘도 웃음꽃을 피우기 위함입니다.

2016. 4. 2.

매화

도량 내에 청량감 넘치는 청매와 팝콘 같은 백매화가 눈 시리게 피었습니다. 그 곁을 지나만 가도 매화의 향기는 그대로 향 공양입니다.

오동은 늙어서도 곡선을 잃지 않고, 매화는 아무리 추워도 향기를 팔지 않는다는 옛 시구절이 있습니다.

아마도 오동의 곡선은 부드러움일 테고, 매화는 신념과 절개를 뜻하는 곧은 마음이 아닐까 생각합니다. 부드러움과 직심直心은 함께하기 어려울 수도 있겠으나 함께 할 수만 있다면 금상첨화일 겁니다.

사람에게도 향기가 있고 늙은 오동과 같은 멋스러움이 있습니다.

누가 그러대요. 사람이 꽃보다 아름답다고!

2016. 4. 3.

나무 향

밤새 내린 봄비가 아침으로 이어 달립니다.

여리고 짙은 안개의 무리들은 계곡으로 절벽으로 다시 산 능선으로 흐르고 오르며 퍼져나갑니다.

물소리는 한결 씩씩해지고, 피우기 직전의 붉은색 꽃몽우리들은 잠시 숨 고르기에 들었습니다.

비를 피해 선방의 처마 아래서 기다림 없는 포행을 하노라면, 오래된 기둥과 문살에서 나는 묵은 나무 향이 그윽하여 가까이 얼굴을 갖다 대봅니다.

참 좋습니다.

간밤에는 좋아하는 쇼팽의 야상곡을 듣다가 이내 껐습니다. 너무도 깊은 자연의 소리가 저를 부른 까닭에 야상곡이 그만 단조로워졌던 것입니다.

충만한 봄비가 내리는 아침입니다.

2016. 4. 7.

부처님오신날

　중생에게 고통은 본질입니다. 불이 뜨거운 성질을 가지고 있는 것처럼, 중생은 고苦라는 성질을 가지고 태어납니다.

　싯다르타는 숙명 같은 고에 대한 의문을 품고서 한 나라의 왕위마저 떨쳐버리고 그 근본적 고를 뛰어넘기 위해 고행에 들어갑니다. 초인적 의지와 중생을 이롭게 하겠다는 원력으로 고苦와 락樂마저 초월한 부처의 경지에 올라섰습니다.

　경천동지驚天動地! 하늘에서는 꽃비가 내리고 범천의 신들이 찬탄하며, 수행을 방해하던 마구니들마저 부처님의 제자가 됩니다. 중생계에 그토록 필요하고 절실했던 부처님이 오신 것입니다.

　찬란하게 빛나는 날!

　인류에게 희망과 나아갈 길을 보여주신 부처님!

　지심귀명례至心歸命禮 하옵니다.

2016. 5. 14.

부처님오신날2

참 좋은 계절입니다. 이 세상의 꽃 모두 피어나고 푸른 이파리 산과 들 어디에도 울울창창합니다. 푸른 하늘은 더욱 푸르고 붉은색 꽃잎에서는 선홍색 물감이 떨어질 듯합니다. 지저귀는 새소리도 밝고 청아합니다. 이 모두가 우리의 교주이신 부처님께서 무명의 사바세계에 오심을 찬탄하는 장엄이고 노래입니다.

어느 시인이 그런 말을 했습니다. 이 지구 인류 역사에서 가장 감동적인 순간은 고타마 싯다르타께서 성도하는 그 순간이었다고. 왜 그런 말을 했을까요?

제가 생각할 때는 그렇습니다. 인류사에서 부처님의 성도는 하나의 변곡점이라고 말할 수 있습니다. 부처님 성도 전의 사상과 모든 종교는 신의 것이었습니다. 천지를 창조하고 삼라만상 모두를 창조했다는 창조신, '인간의 길흉화복과 나고 죽음마저 신에게 달려 있다'는 인도에서의 주재신인 브라만!

또 조물주 등이 그것입니다.

신의 의지를 대변한다는 제사장 계급은 신의 말씀이라 하며 자신들의 위치와 서열을 정하여 운명과 숙명이라는 이름의 굴레로 본래 자유인이었던 사람들을 구속하고 노예화하였습니다.

부처님께서는 태어나시면서 동서남북 사방으로 칠보를 걸으시고 한 손은 하늘을 가리키고 또 한 손은 땅을 가리키며 '천상천하유아독존!'이라 선언하셨습니다.

그것은 선언이었습니다. 이 하늘 위, 하늘 아래, 오직 생겨난 모든 존재는 거룩하고 완전하다, 라는 말씀이었습니다. 부처님께서는 육 년 고행 끝에, 아니 오백 생 그 이상의 세월, 중생을 이롭게 하는 보살의 자비행 끝에 무상정등정각을 이루셨습니다.

인간은 결코 완전할 수 없으며 신에게 의지하지 않는 삶은 불행할 수밖에 없다는 무명의 신앙과 사상을 자신의 위없는 깨달음으로, 천 년의 어둠도 한 순간에 깨트리는 광명의 등을 들어 보이신 것입니다.

우리 부처님의 메시지는 간결하면서도 함축적입니다.

'방황하는 그대여! 그대가 바로 부처이니라! 자신을 바로 보라!' 그 자신 안에 신성이 있고, 구원이 자기 자신에게 달려 있습니다. '정토를 누가 만드느냐, 또 예토는 누가 만드느냐. 내가 없는 정토는 무슨 의미이며 예토는 말할 것도 없지 않음인가?'

부처님께서는 우리가 사는 세상, 또 그 이상의 모든 세계를 하나로 연결된 한 몸뚱아리의 생명체로 보셨습니다. 유마 거사님 말씀처럼, 내가 지금 이토록 아픈 이유는 그대가 아프기 때문이라는 것입니다. 아메리카와 한반도가 다른 세상이 아니고, 북극곰과 비무장지대의 내천에서 노는 쉬리가 같은 시대의 같은 호흡 속에서 존재한다는 것입니다.

이 지구상의 모든 반목과 갈등은 너와 내가 한 뿌리에서 나온 사실을 망각하기 때문입니다. 부처님께서는 인류의 평화와 안락을 위하여 이 땅에 오셨습니다.

역사가 증명합니다. 불교도들은 종교라는 이름으로 다른 이름의 부처들에게 냉대하거나 박해하지 않았습니다. 특히 이 한반도에 가장 오래된 큰형님 같은 불교가 있어서 이 한반도는 종교적으로는 안전한 것입니다.

부처님 오신 지 올해로 2563년입니다. 부처님오신날은 오늘도 어제도 내일도 현재진행형이어야 합니다. 반목과 갈등,

질시와 전쟁은 부처님 오신 뜻을 온전히 새기지 못한 우리들의 어리석음 때문입니다.

　부처님께서 매양 근심 어리게 다시 오지 않으셔도 되는 날을 꿈꾸며, 오늘 연꽃마을 도반들과 함께 이 연화사에서 부처님오신날을 맞이합니다.

　　제행무상시 생멸법 생멸멸이 적멸위락 나무 아미타불
　　약인욕요지 삼세일체불 응관법계성 일체유심조
　　파지옥진언 옴가라지야 사바하 옴가라지야 사바하 옴가라
　　　지야 사바하
　　천상천하 무여불 시방세계 역무비 세간소유 아진견 일체
　　　무유 여불자
　　나무 아미타불…….

2019. 5. 9.

단비

더위와 가뭄에 근심 걱정 늘어가던 차에
단비가 나립니다.
어머니 젖줄 같은 비는 들과 산을 적시고
푸석한 가슴들도 달래줍니다.
밥 먹으라고 채근하던 어머니 목소리를
이 처마 밑에서 다시 듣습니다.

2016. 8. 26.

매미

오늘 아침에는 긴팔 옷을 내어 입었습니다.
엊그제 내린 비로 병신년 여름은 기억 속으로 사라졌습니다.

그 많던 잠자리들은 어디를 갔는지, 석등 아래에 매미는 배를 까고 누웠습니다. 여름과 함께 스러져들 갑니다.

흰 모래로 덮인 마당은 푸른 하늘처럼 텅 비었습니다.
일없이 마당을 거닙니다.

작은 사념들은 지쳐 사라지고 맥없이 앞산만 가슴에 담습니다.
시린 내 가슴에 담습니다.

2016. 8. 30.

춤

파란색 도화지 위에 하얀색 구름 제멋만큼 부리다 흘러 사라지고 또다시 피어납니다.

햇살은 따사롭고 바람은 시원합니다.

빨랫줄에 널어놓은 여름옷들은 새들의 노랫소리에 맞춰, 장삼은 장삼대로 적삼은 적삼대로, 저마다의 체격과 모양대로 흔들흔들하며 춤을 춥니다.

제멋에 겨워 빨랫줄을 붙잡고 더운 햇살과 놀아납니다.

모레면 달이 찹니다. 이 즈음이면 좋든 싫든 가슴에 밀물과 썰물이 교차합니다.

예언 하나 합니다.

한가위 달이 제법이나 잘난 척할 겁니다.

혹시 마음 아리고 그러시면 황정산 골짜기에도 그런 사람 하나 더 있다고 생각하시고 위로하시면 될 줄 압니다.

2016. 9. 13.

가을

보리나무 누런 이파리가 소리 없이 떨어집니다.
천하에 가을이 오고 있는 소식이지요.

보랏빛 산국이 해맑게 피었습니다.
가을 손님을 영접함이지요.
설레기도 하고 시리기도 한 이름입니다.
그 이름, 가을입니다.

2016. 9. 30.

진부령

하늘이 높고 푸릅니다.
햇살은 따사로워 살갗이 간지럽습니다.
단풍은 마지막 불꽃을 준비하는 숨죽인 침묵으로 가을 햇살을 받아들입니다.

황금벌판은 비어져가는데 몇 날이라도 더 붙잡고만 싶습니다.
명태 덕장은 빈 빨랫줄마냥 맥없이 서 있고 길가에 길게 쳐진 빨간색 나일론 줄은 버섯꾼들의 영역 표시일 겁니다.

오늘따라 음악은 더 감미롭고 조금 보태면 가슴 벅차기까지 합니다. 찬란한 가을날 진부령을 넘어가며 혼자만의 호사를 합니다. 나 오늘, 알싸한 가을의 정중앙에 서 있습니다.

2019. 10. 20.

한계령

한계령을 넘어갑니다.

편하고 빠른 길을 두고 굽이굽이 오래된 길을 쫓아갑니다.

조금은 더 멋있게 살고자 했습니다.

그래서인지 나와 마주해야 하는 시간이 많았습니다.

주관을 유지하면서 객관성을 잃지 않는 것은 노력이 필요합니다.

알코올은 때로 심판자이기도 했습니다.

산을 넘어갑니다.

넘어서는 들이고 강이고

다시 산이겠지요.

일찍 산山사람이 된 것은 과연 잘한 일이었을까요.

지금은 한계령입니다.

2019. 10. 22.

토굴가

초판 1쇄 펴냄. 2019년 11월 30일
초판 2쇄 펴냄. 2020년 1월 2일

지은이.　　원상
발행인.　　정지현
편집인.　　박주혜

사　장.　　최승천
편　집.　　서영주, 신아름
디자인.　　이선희
마케팅.　　조동규, 김영관, 김관영, 조용, 김지현
구입문의.　불교전문서점(www.jbbook.co.kr) 02-2031-2070~1

펴낸곳.　　(주)조계종출판사
　　　　　서울 종로구 삼봉로 81 두산위브파빌리온 232호
　　　　　전화 02-720-6107~9 | 팩스 02-733-6708
　　　　　출판등록 제2007-000078호(2007. 04. 27.)

ⓒ 원상, 2019
ISBN 979 - 11 - 5580 - 129 - 1　03220

이 도서의 국립중앙도서관 출판예정도서목록(CIP)은 서지정보유통지원시스템 홈페이지
(http://seoji.nl.go.kr)와 국가자료종합목록 구축시스템(http://kolis-net.nl.go.kr)에서
이용하실 수 있습니다. (CIP제어번호 : CIP2019043322)